「ありえない」をブームにするつながりの仕事術

Satani Kyo
佐谷 恭

東京・田園調布の小さな出版社
有限会社ソーシャルキャピタル

はじめに

パクチー料理専門店を開くと言ったら「狂っている」と言われた。
パクチー料理専門店を閉じると言っても「狂っている」と言われた。

コワーキングも然り。シャルソンのときでさえ、
僕の構想に「世の中の制約」の話ばかりする人がいた。

すごく真剣に書いたSNSの投稿にはほとんど「いいね!」はつかない。
パクチー爆盛り情報には信じられないほど「いいね!」がつくようになった。

新しいものを始めるとき、順調なものを捨て去るとき、外から拒絶反応が起こる。
誰かにそれを命じているのではない、僕がやるだけなのに。

「もったいない」「ありえない」「慎重に」「考え直したほうがいい」

日本中で「人のために」踏まれているこのブレーキが、

日本をつまらなくしていると僕は思う。

最初は教習車で練習したほうがいいかもしれない。
教官が周りを見渡し、ブレーキを踏んでくれる。
でも、いつまでも赤ちゃんじゃない。子供でもない。

人にブレーキを踏まれるな、そして人のブレーキを踏むな。

僕は初めてのことしかやらない。起業して、人の追随やら経営理論の勉強もして、
成功も失敗もして、結論として決めたのがこのことだ。

誰でもできる状況になったら手放してもいい。全部あげるよ。

新しいことはいくらでも思いつくから。

この本で、僕は、ありえないことをブームに変えてきたいくつかの事例を書いた。
すべて最初に僕の決意がある。

それが実現する過程には、少数のフォロワーと好奇心にあふれる人たちと
既存が価値と思い込んでいる人たちがいる。
非常識をくつがえすのに、常識に固執する人は妨げになる。
そうでない人をつないでいくと、物事は一気に動き始める。
癒着でなく、つながり。それが人生と世界を豊かにする。

佐谷　恭

「ありえない」をブームにするつながりの仕事術　目次

第1章　パクチーハウス東京をやめてからパクチーハウス東京を始めるまで

第2章 なぜパクチーで飲食業だったのか？

第3章

パクチーハウス東京が始まった

第4章 パクチーハウス東京が生まれ変わった

第5章

走るのが嫌いな僕が月間300キロを走るようになった理由

本書は、書き下ろし原稿に加え、絶版となっている『つながりの仕事術』（洋泉社刊）第1章「コワーキングとはなにか」を収録して、絶版新書シリーズとして発行するものです。制作にあたり、クラウドファンディングを実施し、多くの方々にご支援いただきました。

第1章

パクチーハウス東京をやめてからパクチーハウス東京を始めるまで

閉店までのカウントダウン89

「89・87・86……」

パクチーハウス東京の最終日、89人のお客さんと89からカウントダウンしてパーティを締めくくった。

89日前、閉店に関する電撃発表をした。多くのお客さんは驚き、いつも来ている人も、久しぶりの人も、いつか来ようとノンビリしていた人も、予定をやり繰りして来《らい》パク（＝パクチーハウス東京に来店すること）してくれた。過去7年ぐらいほぼずっと満席の店内に、さらに駆け込み来パクが加わった。

発表直後は「意味がわからない」という正直な感想をぶつける人が多かった。僕なりの理由を質問の答えとして捻り出し、毎日の店内の様子と僕の考えをブログやSNSでも伝えていった。毎日午後8時9分のパクチータイムには、閉店の理由と意義について、即興でスピーチし、お客さんとともに乾杯《カンパク》した。次第に「残念だけどなんとなくわかる」という意見が増えた。そして最終日、ほとんどすべてのお客さんは僕に向かって「おめでとう」「これからも楽しみにしている」と祝福してくれた。

「5・4・3・2・1」の後、誰とも打ち合わせしていないのに、僕が「Ｇｏ！」と叫ぶ声に全員が呼応した。ここからがスタートだ。

その89日間、来パクした人のことを可能な限りブログに書き残した。懐かしい出会いと初めての出会いを繰り返した。10年間で相当数の人とこの場所で知り合ったが、ラスト89日は本当に濃い日々だった。

「いつか」店に行きたいと思っている――。そう言ってくれる人は多いが、実現しない人も多い。閉店宣言により、「いつか」は89日間に集約した。10年分に匹敵するような濃い日々を過ごした。最後のその瞬間まで、思い描いていた通り、いやそれよりずっと幸せに店舗を閉じることができた。2018年3月10日のこと。

お店を閉じるのは大変だ

閉店はネガティブなことが多い。経営難、立ち退き等々。「惜しまれつつ引退」という

パクチーハウス東京最終日。閉店までの89日間は濃い日々だった。

パターンもあるが、僕の場合は43歳の自分の誕生日に、しかもパーティを以って閉めるという道を選んだのでそういうのにも当てはまらない。

閉店に関する取材のうち最後にリリースされた記事がYahoo！ニュースで炎上した。1500件以上のコメントが付き、その89％以上が超ネガティブで、「閉店＝経営不振」という凝り固まった意見が多かった。友人の一人が「自分のストーリーに合致しないと、書いてあることまでリファレンスなく否定的なストーリーに組み替えたくなる」のが現代日本の潮流かもとコメントをくれたが、根拠のない言説が積み重ねられるのを眺めながら、新しい時代の扉を開いた気がした。

「パクチーブーム」が数年続いていると言われるが、パクチーハウスには2014年ぐら

コワーキングスペースPAX Coworkingも、パクチーハウス東京と同時に閉店した。

いから大手企業からのアプローチが絶えなかった。そのうちの何社かと商品開発をしたり顧問契約を結んだりもしていた。閉店を密かに決めたとき、契約各社とのコミュニケーションについてはかなり慎重を期した。各社との契約事項を尊重しつつ閉店を伝えることはもちろん、発表内容が事前にリークしないことが決定的に重要だったからだ。

また、スタッフとPAX Coworkingのメンバーへの伝達も悩ましかった。できるだけ早く伝えたいとは思いつつ、噂が広がるのは避けなければならなかった。関係者を除き、89日前の朝8時9分の僕からの発表で等しく驚きを与えたいと思っていたからだ。店長には比較的早く告知・相談していたが、他のスタッフには直前まで秘密にしていたので、1年以上スタッフの補充も控えつつ人員を揃える調整も必要だった。それでいて彼らには、僕からの直接連絡で一般的な告知よりは早く知ってもらわねばならなかった。そんなこともあり閉店の1年前、1カ月前、1週間前にそれぞれ綿密なプランを立てて当日に臨んだ。

閉店したから北極点へ行こう

閉店後の半年でさまざまな場所を旅した。国内のべ50カ所でイベントや食事会、視察をし、海外にも4度渡航。念願の北極点到達も果たした。家族を連れてタイとメキシコも訪問した。

パクチーハウス東京を開いてから閉じるまでの10年間で、国内外300カ所以上を訪問した。旅は好きだし移動が苦にならないのもあるが、自分がニッチで特殊なことをしていることを認識しつつ、次の時代に必要なコンセプトを生み出しているつもりなので、機会を無理矢理にでも作って伝えることが重要だと確信している。店舗をなくした今はなおさらで、自分自身の考えを直接話す機会を増やすことこそ、自分の存在意義だとすら思っている。

個人飲食店の経営者で年に平均30カ所も各地を訪れる人は稀だと思う。しかし、これがパクチーハウスを毎日満席にし、日本ではなじまないと言われたコワーキングのコンセプトを広げる原動力となった。留守を守ってくれたスタッフには感謝している。

さて、無店舗展開を決めて実際に動き出したとき、何が起こったか。世界中どこにでも行ける状態になったのだ。それまでも比較的自由に動いていたほうだと思う。しかし、予定が読めない場所に行くことは極めて難しかったし、諸事情で用事を切り上げて経営にトンボ返りしたことは何度もある。

店舗閉鎖のスケジュールが確定したとき、それまではスタッフへの負担が大きくなりすぎる可能性が高くどうしても行けなかった場所に行くことを決めた。北極点だ。第4章で詳しく述べるが、「パクチーハウス東京」（店舗）をやめるが「パクチーハウス」はやめないという一般にはわかりにくいだろう選択をした上で、僕がパクチー普及を決してやめないという宣言をするためにうってつけの場所が北極点だったからだ。僕が過去訪れた中では、北極点への渡航が最も日程調整が難しかった。実際、僕が北極点を訪れる日程は当初スケジュールから9日間ずれたのだから。このことは、第5章で書いた。

メキシコを初訪問、中南米の風に触れた

僕は高校時代にバックパッカーを志したとき、目的地を中南米に定めた。幼少期に観たテレビ番組「太陽の子エステバン」が漠然とその地域に対する興味を憶えるきっかけになったのだと思う。兄がバックパッカーとして旅したメキシコの写真を見せてくれ、ノリのいいラテン音楽にも関心を持つようになった。僕は中南米に行きたいと思っていた。

しかし、初めての一人旅から20年が過ぎ50カ国以上を旅したにもかかわらず、中南米への渡航歴はなかった。メキシコを目指した大学2年生のとき、ソウルで航空券を探したが当時の僕が買える値段で手配できず、急遽カンボジアに目的地を変えた。たまたまカンボジアPKOの勉強をしたばかりだったからなのだが、その旅でアジアに魅了された。

その後ユーラシア大陸を3度横断した。妻との結婚式は「一人旅から二人旅へ」ということで、僕の旅のメインランドだったユーラシアを卒業し、スペイン語専攻の妻が「いつか訪れたい」と願っていた中南米を遥か西に望もうと、ユーラシア大陸の最西端であるロカ岬で行った。しかしやはり中南米に行くチャンスが巡ってこなかった。

会社を作ったときに0歳だった息子は、小学校6年生になった。自立心が芽生え、中学生になったら部活で忙しく、家族など振り返らないかもしれない。父として僕は、安定した状態をかなぐり捨て、物心のついた子供たちに再び、挑戦している姿を見せたいと思い、人生の大き

な方向転換をした。

久々に長めの家族旅行をして、家族全員で慣れない環境に身を置いてみようと思った。行きたいところは無数にあるが、新たな扉を開くような場所を渡航先に選びたいと思った。出発まで1カ月というところで、今こそメキシコに行って中南米の風に触れるタイミングだと思った。僕が25年ぐらいかけてやっと行くことができたその場所は、子供たちにとって「そういえばガキの頃行ったっけな、忘れたけど」というぐらいの場所になるだろう。そうやって、やすやすと親を超えてほしい。

メキシコには3週間強滞在した。そのうちのほとんどを、カリブ海で日々思いつくままに過ごした。忙しく予定を入れるのではなく、海に浸かり、歩き回り、ただ空気を感じるだけ。気張らない時間をゆったりと楽しんだ。

無店舗展開なう

「無店舗展開って何なんですか⁉」「店を閉じて次の目論見は⁇」

次の計画がないのに、やめるわけがない。これが一般的な日本人の考え方なのだろう。富士通を辞める時の上司も同じことを言った。「決まってから辞めればいいじゃない？」

僕は決めている。今の状況をストップすることを。そして、これまで経験してきた、受験の浪人、何度かの無職で、苦悩すること・熟考することで新しい道が開けると知っているつもりだ。イノベーションは連続性から生まれない。僕はまた、新しくて面白いことを始めたいだけだ。それが「何か」わかっていたら、面白くないと思わない?

パクチーハウス◯◯という名前で、ポップアップ営業をした。近くでは、パクチーハウス祖師谷・パクチーハウス松陰神社・パクチーハウス三軒茶屋・パクチーハウス経堂。銀座・代官山・代々木八幡も。少し離れたところでは、名古屋・京都そしてメキシコシティ。「なるほど、そういうことがしたかったんだね!」。どうしても結論づけたい人が多い。そのことをいちいち否定はしないけど、それだけじゃない。その過程を通じて、参加者や共同主催者一人ひとりに、僕の魂を植えつけていく。そのために必要な手段を取ろうと思っている。

月に2~3回講演を頼まれる。一人でも二人でも、知り合いになれると嬉しい。僕は話を聞いてほしいのではなく、聞いた話を実践してほしいから。その後もその人たちを継続的にそそのかしていきたい。コワーキングスペースの立ち上げや、盛り上げのお手伝いもしている。第5章で詳述するシャルソンは全国の仲間がどんどん発展させてくれるので、以前と変わらずこっそり応援している。

10年ぐらい経つと、「無店舗展開ってそういうことか!」とわかると思う。それが一言で表現できるかどうかはまだわからない。僕の行動すべてが、それを説明するヒントになる。

僕は起業して10年半、飲食業(パクチーハウス東京)、オフィス業(PAX Coworking)、イベント企画業(シャルソン)をやってきた。その根幹にあるのは一言でいうと「旅と平和」。

つまり旅人（＝自発的に動く人）が増えると世界が豊かで平和になるだろうという僕の予測と信念を、さまざまな形で証明し、納得してもらうことを目指している。

起業時は経営者としてど素人で、実績もゼロだったので、既存の枠組みで実績を残すことが必要だった。「あのパクチーハウスの経営者」というのは伝わりやすいし、僕の経営人生は次第に安定していった。でもそこにはたくさんのノイズがあった。不動産とか常識とか擦り寄ってくる奴とか。

売上をあげて生きていくのが人生の目的ならそのままがいいんだけど。僕は僕の根幹にある「旅と平和」に向かって世界を動かすため、そうなるよう人の背中を押していきたい。すべての時間をそこに費やすのが無店舗展開の意義だと信じている。

詳しくは本書を読んでほしい。それでもわからなければ、質問を持って僕のところに来てほしい。

そして、もっと遊びたい

無店舗展開にしてから何か変わったか。僕自身の行動としては2018年3月10日を起点に何かが変化したということはない。イノベーションのための断絶期間として「半年は遊ぶ」と宣言した。その真意は、僕が事業その他を通じてこの10年間に出会った人と再会したいという強い気持ちがあったということだ。利益度外視でお手伝いをするから連絡してほしいと宣言した。各地へ出かけたのは、要請を受けてのものも多かった。Facebookを見ている友人たちは、僕の行動が以前とほとんど変わっていないことを指摘した。少し時間が取れるのでついでにもう少し足を伸ばすとか、途中下車で新しいネットワークを作るとか、そんなことができるようにはなったが、まぁやっていることは変わらなかった。

「無職だから」と冗談めかして言うことがある。株式会社旅と平和は存続しており、スタッフはゼロにしたものの僕は代表取締役社長のままだ。講演もするし、利益度外視のお手伝いとはいっても、報酬をくれない人はいなかった。ただ、決まったルーチンが一つもなく、また心情として切羽詰まった感じがないので、そんな言い方をしてみたりしている。

これまでの無職期間とはそういう意味で全然違う。四十歳になったときに、不惑という単語の通り「惑うのをやめる」と宣言し、「心折れる」というウルトラランナーの流行り言葉を捨て、サハラマラソンを精神的に苦しむことなく完走した。その後も基本的に動じないと決めている。その心構えはあると思う。しかし、それ以上に「仕事をしていないこと」「安定収入がないこと」に対する「怖れ」がないことが大きいと思う。

一生懸命やっても大赤字となることがある。会社経営の最初の3年は、いちいち動揺していた。個人とは比較にならない速さで銀行口座からお金が消えたり、店にお客さんが来ないかもしれないかもしれない恐怖にいつも晒されていた。人間として未熟で（まだ成熟はしていないが……今よりという意味で）僕の考えを理解してくれないとスタッフにあたってしまうことも多々あった。

今はもう少し大きく物事を捉えられている気がする。会社や家族・友人を大事にしつつ、もっと大きな括りで日本とかアジアとか地球とかの動きも丁寧に見ていきたいと感じている。個人の悩みはそれと比べるとちっぽけだ。

ＴｏＤｏリストを半年は作っていない。しばしば空けている時間があり、本を読んだり散歩したりする。そんな時間は特に、これまでやったことがないことをやろうと心がけている。各地へ移動して、水に触れることが多くなった。ＳＵＰ（スタンドアップパドルボード）やシーカヤックに挑戦したし、メキシコでは毎日素潜りで魚を見ていた。僕は小学校から目が悪いので、メガネを外す水系のスポーツはあまり好きではなかった。しかし、やってみるとどんどんハマっていく。度付きゴーグルも買った。

子供の頃のように、したことのないことはとりあえずしてみたいと思う。もっと遊びたい。知らないことがたくさんある。だから、毎日がすごく長くて楽しい。

無職期間といえば、そもそも学生時代から働く気持ちがまったくなかった。結婚して、子供も大きくなったが、今のこの状況はなんにも不思議ではない気がする。

ここで学生時代から起業するまでを少し振り返っておこう。

職業意識のない学生時代。でもなぜか社会人になれた……

「仕事というものはつまらないものだ」。職業意識がほとんどなく、アルバイトも最低限しかしなかった僕は、大学4回生になり「就職活動」を始めた友人たちを冷めた目で見ていた。つまらないならそれを避けるか、それに取り組む時間を先送りしたい。そんなふうに考えていた。

大学を出たら一年ぐらい旅をしようと思っていた。しかし親に学費を払ってもらった手前、一般的な就職や進学をしないのであればその「正当な理由」を説明できるようにしなければと思った。そんなとき富士通から電話をもらった。

「就職活動は順調ですか？　エントリーシート出しませんか？」

企業に話を聞いてみようと思った。「就職しない理由を見つけよう」。導かれるままに書類を出し、面接会場へ。そこで問われた質問に絶句した。

「富士通を志望する理由は？　他社と比べてなんでうちがいいのかな？」

「……（志望してないし）」

しばらくの沈黙の後、僕はこう告げた。「大学を出たら就職か進学しかないと盲目的に信じていることが理解しがたい。就職するかどうか決めていません。あと、どこの会社でも第一志望なんて言ってどうするんだろうと思います」

面接官は絶句した。

持ち時間が残っていたので「じゃ、大学時代何してたの？」と問われた。僕は旅の話と、たくさんの友達ができる飲み会の話をして面接は終わった。

企業の話を聞きたかったらその対象のことをそれなりに調べてくるべきだ。そう反省して家に帰った。

しかし、就活は忙しい。帰ったらなぜか「合格」の留守電。そして面接の案内。面接会場で出会った学生と遅くまで飲み歩く。起きると面接。10日足らずで4回の面接を受けたら「内定」と言われた。

意味不明。

社会性のない僕は入社の意志を問われ「就職するなら他社でなく富士通にします。でも就職するかどうかはわかりません」と豪語した。振り返ると恥ずかしい……。

仕事は楽しいものだった。仕事で楽しめる人生にしたい

富士通に就職した僕は人事部に配属された。面接で僕に会った4人の人事担当者が面白がってくれたというのが表向きの理由だったが、他の部門には危なくて配置できなかったのかもしれない。

職業意識のなかった学生は、一年後には採用担当者になっていた。せっかく入ったので何でもやってみようと思い、上司に「これやりたい人」と言われたら瞬時に手を挙げることにした。

次々に新しい仕事を任せてくれ、2年目には関西地区以西の「採用の責任者」になり、飛行機や新幹線にたくさん乗ることができた。会社説明会や就職相談会で１０００人以上の学生の前で演説する機会も多くあった。方針を決め、面接官に指南して、数百人の学生の人生を決めた。会社という枠を利用して充実した時間を過ごしていた。仕事がつまらないものだという思い込みは間違っていたと悟った。そして仕事で楽しめるような人生を歩もうと思った。

新卒採用のピークは3月から6月。「責任者」の僕は、東京へ戻るとただの新人として扱われた。ピークが忙しすぎるので、あまり仕事もない時期だからゆっくりしていいと言われた。仕事がなくて喜んでいる同僚もいたが、会社に来なくていいのならまだしも、ほとんど仕事がないのに8時間も縛られるのは苦痛だった。

そんなときに、上司から呼び出された。3年目の夏。2回目の「責任者」として独自のアイデアもたくさん実行した。学生との濃密なコミュニケーションで内定辞退率が例年よりかなり低くなった。成果を評価され「また来年よろしく」と言われたとき、僕の心が一気に冷めてしまった。1年も待てるか？

富士山で退職を決意。タイミングをずらすだけで幸せになれる

たまたま友人に誘われ、初めて富士山に登る機会があった。神奈川県秦野《はだの》市出身の僕は、富士山の雄大な姿をずっと見て育った。山頂まで8〜9時間かかっただろうか。友人たちと仕事

の悩みなども語り、山頂に到達した。

自分が暮らしている範囲を上から眺めて感じたのは、物事を俯瞰すること、視点を変えることの大切さだった。旅という一般より稀有な体験を積んでいる自分は、誰でもできることは捨てて、誰もやらないことをしたほうが世の中の役に立てると確信した。

翌日会社に出社し、退職の意向を伝えた。

「えっ？　次なにするの？」

辞めることしか決めていない。せめて決まるまでいればいいじゃないかということも言われた。いやいや違うだろうと思った。収入が途切れないことより、僕はゼロになる重要さを、すでになんとなく思っていたのかもしれない。上司たちからの説得と魅力的な仕事の誘いを断り、会社を初めて辞めた。

朝出かける場所がなくなり家に一人でいると、仕事していない僕を近所の人はどう思うだろうと考え始めてしまった。昼頃ランチに出かけて帰ってくるとき、周りの目を気にした。なんだかちょっと悪いことをしているような……。

ある日、封切られたばかりの映画を観に行った。大人気で大混雑という報道があった。平日の日中なら入れないことはないだろうと思って行った。なんとほとんど人がいなかった。それまで出かけるのは平日の夜か休日。混んでいるはずの場所が空いているというシーンを目の当たりにして、軽い衝撃を受けた。

他人と同じことをするのが当たり前の社会で育ってきたが、そうでないほうが幸せになれるのではと直感した。他人とタイミングをずらすだけでも。

起業する同世代への憧れ

実は富士通在籍中に、初めて起業への憧れを抱いた。ネットのバナー広告で見つけた「年収査定」をやってみたら、「僕の実力」だと2割ぐらい給料が高くなるという結果が出た。その会社にのこのこ出かけたら、それぐらいの実力はあるけど今ある求人の中では2割ぐらい下がると言われた。給料の額よりやり甲斐ですよと力説するので笑った。

その求人は創業まもないサイバーエージェントのものだった。創業者が僕の一歳年上と知り、驚いた。インタビュー記事を見せられ、カッコイイと思った。そして、「会社って自分で作れるのか」と認識した。会社を作ろうなんて考えてもみなかった。でも大学時代に4つのサークルを立ち上げた僕は、創ることは好きなんだと思う。

起業のために富士通を辞めたわけではない。でも起業家って言われたいなというミーハーな気持ちがどこかにあった。そういえば、と思い出し、大学時代にアルバイト探す代わりに起業し、コンサルティングファームに就職して数年したら会社を作ると言っていた友人に連絡した。できたてホヤホヤの会社を訪問することになった。

人事の仕事をしていたと伝えたら「ちょうど人を探している」と。新会社のスタッフに「優秀で給料があまりいらない人がいればなぁ」と言うので、そんな奇特な人は普通存在しないと教えてあげた。

ただ、僕自身は暇だったので、数カ月手伝うことにした。それまで見たこともない「コンサルタント謹製の事業計画書」を今後の参考にできるかもと思って。創業数カ月目のリサイクルワン（現レノバ）に参画した。

起業の準備を始めたが「やりたいビジネス」がなかった

友人の会社を手伝いながら起業の準備をした。と言ってもパッションなどがあったわけではなく、会社を作ったらカッコイイだろうなと思った延長線上でだ。

友人との会話の中で出た「ビジネスになりそうな話」を少し検討し、会社を作りかけたことがある。公証人役場にまで行ったのに、それって本当にやりたいかと自問自答した結果、認証されたばかりの定款をビリビリに破いた。

大企業の会社員から抜けることはできたが、発想の中身は「社会の中でうまくやっていく」ことに縛られていた。しかしこのとき、うまく行きそうだから好きでもないけど始めるということが生理的に嫌だったのだろう。自分の正直な気持ちとしてやりたいビジネスはないし、起業するとか自分には向いていないんだろうなと結論づけた。友人の会社の手伝いを、しばらく続けることにした。

会社はいろいろありつつも、着実に成長した。社員が増え若き専門家が役員として加わり、学生インターンを含めると20名ぐらいの所帯となった。それなりに楽しい毎日だったし、友人の会社の手伝いとして入っているので在籍しながら長期の旅もできた。

事業体として成り立ってきた段階で自分の身の振り方について考えた。メンバーとしてコミットし続ければそれなりに充実した「社会人生活」が送れるだろう。でも旅は？　続けられているだけマシとはいえ、自分の人生のメインとしたい旅は、いまだに非日常に位置づけられていた。

旅で生きる。それを実現するには、旅行会社に勤務するか、旅行作家にでもなるか、はたまた社会に適合しないことによってしか得られないものだと大学卒業のときに思った。

そう考えつつ、会社で働き、中途半端ではあるが旅は続けた。ただ、旅と仕事の関係性は、その時点でまだトレードオフだった。でも僕は、世捨て人としてではなく社会性のある旅人でありたいと漠然と思っていた。悩める20代。旅が好きな社会人ではなく、社会を語れる旅人を選んだ。つまり、友人の会社を離れた。2回目の退職。

2回目の退職をして英国の大学院に

友人の会社を辞めてから「旅人のレベル」を一段階上げることを次のミッションに定めた。世界を旅しながら、興味を持っていた異文化や開発、国際協力。これを先進国とか発展途上国とかの視点でなく、旅人の視点で論じたら面白いのではないかと思った。友人の会社を離れた1年半後、僕は平和学という学問を選び、イングランド北部にあるブラッドフォード大学の大学院の門をくぐった。

入学して驚いたことがある。平和学を専攻する学生130人のうちの1割が日本人だったのだ。他大学でも国際協力や開発学を学ぶ学生はかなりいることを、イギリス到着後に知った。こんなにたくさんの「同志」が周りにいるとは思いもしなかったのだ。卒業後の進路は特に決めていなかったが、国連やNGOに入って世界のどこかを支援する一人になるのだろうと思っていた。そういうことを志す人が、こんなにいるのか！

僕はアンチ思考を持っているので、「ではここにいない人はどういう人たちだろう」と考えた。たぶん日本にいる99％以上は、外国に留学して国際協力しようなどという行動に出ない。僕は、プレイヤーとして海外の支援に携わるよりも、そういうことに関心が薄い、関心があっても行動しない、またはできない人たちを「ちょっとだけ」動かしたほうが日本は変わり、世界にも影響が出るのではないか。世界をフィールドにしたい多くの友人たちに支援の現場は任せて、僕は日本に帰って活動しようと逆に思ったのだった。

イギリスでは個人的には国家等の枠組みにとらわれない旅人の立場で思索を深めようと努めた。日本人なので「日本ではどうなの？」とよく聞かれた。日本のニュースサイトで一生懸命に資料集めをしたら、国内にいると際立つ考え方の違いが、世界から見ると些細な差異にすぎないということがよくあった。日本人からすると一見馬鹿みたいと思えるような視点で、日本のことを論じているものもあった。そういう意見は日本国内でほとんど知ることはない。しかし、世界はそういう情報を元に動いていることがよくある。そういう視点を国内にもたらす必要があるなと感じた。

プロ野球球団買収!? ライブドアという会社に衝撃、堀江貴文さんに衝撃

留学の終盤、日本から聞こえてきたニュースに衝撃を受けた。近鉄バファローズを買収すると言っていた。2歳年上の人だった。「プロ野球の球団を買う」ことなど考えたこともなかった。会社を自分で作れると理解したとき以来の衝撃。ライブドアというポータルサイトに注目するきっかけとなった。イギリスから帰り修士論文を書き終わった日、いつものようにライブドアのポータルを開いた。そこで見かけたバナー広告にはこう書かれていた。

「ライブドア報道部門立ち上げスタッフ募集!」

ネット初の報道機関。これを堀江貴文さんが立ち上げた理由は、近鉄バファローズ買収発言に怒った読売新聞主筆が、自分の知らない人が球団を持つことが許せずライブドアへのニュース配信を停止したことに端を発したと理解している。

堀江さんからすれば「あの程度のニュースなら誰でも書ける」から、配信されなくて結構ということだ。その発想の転換に僕はシビれ、ライブドアニュースの立ち上げメンバーになるこ

とを決めた。

ライブドアという会社は面白い会社で、社長室も存在しない。すべての部門が六本木ヒルズの同じフロアに、境目もなく並ぶフラットな環境だった。

社内には意欲的というか野心的な人が多かった。「起業したい」「社長になりたい」とひたすら言っている人もいて、それは目的でなく手段だろうと思って最初は冷めた目で見ていた。僕自身も前述の通り起業に憧れたことはあったが、自分なりの道のりを経て、目的なくトップを目指すのは意味がないと結論づけていたからだ。

しかし振り返ってみると、自分からリスクを取って動かない人が多い日本社会の中で、とにかく自分でやってみようと奮い立ち、実際に行動してみる人たちが集まっていたあの空間は、特異ではあるが刺激に満ち溢れた素晴らしい場所だったと思う。

最初冷めていた僕も、そういう人たちに囲まれて自然と自立・独立しようと思ったのだろう。頭で考えてもわからないことはたくさんあるが、トライ&エラーを積み重ねまくることで道は拓けていく。考えるだけの人よりもやる人が時代を作るのであり頭の良し悪しと成功はまったく関係がない。

ライブドアに在籍した2年半は、まさに激動の時期といえる。ニッポン放送株取得によるフジテレビ買収攻勢、堀江さん参議院選挙への出馬、そして東京地検特捜部による家宅捜索といった大きな「事件」が、ライブドアニュース立ち上げから1年で起こった。稀有な体験が次々にできたことは、人生経験としてはとても大きい。テレビだけで見ていると「大変なこと」に見えるかもしれないが、それが「日常」に存在するのだから面白かった。

妻と行ったヘルシンキで感じた違和感

ある日妻から「子供ができたみたい」と報告があった。自分が父親になることなど想像したこともなかったが、その喜びをかみしめつつ人生のあり方について考え直した。働き方や仕事を通じて社会とどう接していくべきか、そんなことを考えた。

とはいえ、自分が父になるということがどういうことかまったくわからなかった。自分の父のことは、物心ついたときからずっと「お父さん」だと思っていて（当たり前だが）自分がそんな存在になれるのかと心配だった。結局は、息子がいろいろと接してくることで、父親らしくなれる（と思う）のだけど……。

毎年恒例で行っていた結婚記念日の夫婦での旅で身重の妻とヘルシンキへ行った。息子が生まれた後の生活は想像もつかなかったので、妻と2人の落ち着いた時間を楽しもうと思った。2006年秋のことだった。妊娠していたので、衛生状態がよいところ、暑いところより涼しいところ、フライトが10時間以内のところとして急浮上したのがフィンランドだった。

フィンランドは英語も通じるし、必要なものはすべて日本と同じように手に入るし、街を歩いてまったく不自由はなかった。それまでに約50カ国を訪れたことのある僕にとっては、フィンランドの「旅の難度」はかなり低いほうだった。でも、あちこちの店や観光地を訪れ、ヘルシンキでの日常を楽しんでいたある瞬間に、僕の心の中に大きな変化が訪れた。

それは、目の前に広がる世界に突然感じた違和感だった。「日本と同じように」過ごせるのは間違いないのだけど、そこにある椅子の高さ、柱の形、メニューのデザイン、周囲の雑音などがいちいち違うことに改めて気づいたのだ。

過去に長い旅をしている途中で、見るものに飽きてしまったり、なんとなく好奇心を失ったりしたことは何度かあり、そんなときの風景が一つひとつ思い出され、「こんなに貴重な経験をしているのに、それを活かさないのはアホだ。自分で事業をしよう」と思った。「息子と同じように、同じぐらい成長したい」とも思った。

自分がそれまでしてきたことをきちんと活かして社会に還元することが、息子に見せる背中としてふさわしい。そう思った。起業をしようかと会社を辞めても燃え上がるようなパッションが沸き起こらなかったのはこのためだと納得した。

「子供と一緒に成長する」ことを決めた。旅で平和にするぞ

「子供と一緒に成長」という漠然と思いついていたキーワードとこのときの感覚があいまって、旅で出会った一瞬を輸入するということを思いついた。国境を越える人の動きが始まって以来、モノを運ぶ商売は存在してきた。またこの数十年で、ホテルやレストランなどのサービ

スの輸入も増えている。

しかし、どちらも日本に合うものを選ぶか、日本に合わせる形で入れているパターンが多いので、カスタマイズしない〝ある瞬間〟をそのまま日本に持ってきたら面白いんじゃないかと思った。「僕を驚かせ、感激させた一瞬一瞬」を。商品、サービスの輸入に加えて、僕はこれをコンセプトの輸入と称することにした。そして数年前から自らのテーマであり、英国で修士論文のタイトルにもした「旅と平和」を会社の理念に設定。事業内容をあれやこれや考えて、半年後にやっと思いついた「パクチーハウス東京」を最初の事業にした。職業意識のなかった僕がここまで変わったのは旅とそこで出会った人たちの影響が大きい。

ただこの半年は長い、産みの苦しみの時間だった。

第2章

なぜパクチーで飲食業だったのか？

大学2回生のとき韓国へ。初の一人旅

事業計画を練った半年は本当にいろんなことを考え、振り返った時期だった。自分には何ができるのだろうか？　何をすべきなのだろうか？

当時考えていたことの中に、今でもはっきり覚えていることがある。

話は大学時代にさかのぼる。

僕は大学時代に世界への興味を追究するため「国際関係論研究会」というサークルに入っていた。そこで他大学との交流イベントとして当時ホットだった「カンボジアＰＫＯ」に関するディベート大会があった。

初の一人旅の練習として、最も近い国である韓国へ行った。大学2回生の夏休み、韓国行きの航空券を持っていたのでそこからロサンゼルスあたりに飛んで中米を目指す旅を計画していた。ソウルの旅行代理店をいくつも回ったが、ビザなしで滞在できる期間に、自分が買える金額の米国行きの航空券がなく、途方に暮れた。そんなときにふと、しばらく集中的に勉強したカンボジアに行ってみようと思った。

当時はカンボジアを旅する人は極めて少なかった。地雷がそこらじゅうに埋まっていることはよく知られていた。ポルポト政権の細かな実情や当時の状況を正確に知っていた人は少なかったと思うが、「あそこは危ないに決まっている」という空気は旅する人なら誰でも知ってい

た。

僕は、カンボジア和平のプロセスを学んでいたので現地に対する興味があり、ソウルとバンコクで渡航歴のある人に聞き込みをした結果、旅先として選んだ。つまり、ソウルでまずバンコクに飛ぶべしと言われてそのチケットを買い、バンコクで渡航を決意してプノンペン行きのプロペラ機のチケットを買った。

プロペラ機に旅行者らしき人は2人。それ以外も数人しか乗っていなかった。カンボジア全土はまだ荒れていて、プノンペンとシェムリアップの一部、そしてトンレサップ川を行き来するボート以外はカンボジア人でも近寄らないとされていた。

交通手段がほとんど整備されておらず、移動はもっぱらバイタク（バイクタクシー）だった。運転手は僕と同じ年ぐらいが多かった（つまり20歳前後か30歳以下）。何台ものバイタクに乗り、運転手の背中にしがみつきながら、歳の近い彼らにシンパシーを覚えた。そして、僕と彼らが逆の立場だったらどう考えるだろうと思っていた。

カンボジア出国の日「フレンド、また会おう」と言われて

宿が一泊1USドル。ビール2～3本飲んで食事しても2ドルぐらいだった。僕ら日本人にとっては「安い」。バイクタは20ドルぐらいで「ふっかけて」くるので、交渉して一日5ドルぐらいにしてもらっていた（金額はうろ覚え）。何度も出会う人、よく話をする人ができて

「マイフレンド」などと呼び合ったりすることもあったが、一緒に食事をすることは極めて少なかったし、たとえそんな機会があったとしても割り勘にする気にはなれなかった。「いいよ、僕が払うよ」

タカられたとか言う話ではない。格差がありすぎて、どうしていいかわからなかったというのが正直な気持ちだ。そして言葉では「マイフレンド」と返しながら、この立場の違いがある以上本当の友達にはなれないだろうなと感じていた。数日経って気づいたのは、同じ場所に行けば必ずその人に会うことができる。3年後に来てもたぶんそこにいるだろうという予測がつく。それは彼らが今のやり方で生活改善をするのはとても難しいだろうし、国としてもそれほど変わらないだろうと思うからだ。つまり、もう一度会いたいと思えば僕の意思で同じ場所を訪れればいい。一方で、彼らが僕に会いたいと思ったとしても、飛行機のチケットを買って日本に来ることは考えられなかった。

僕は友達とは対等な立場にある仲間のことだと思っている。それが成り立たない関

学生時代は旅をしまくった。この経験が今につながっている。

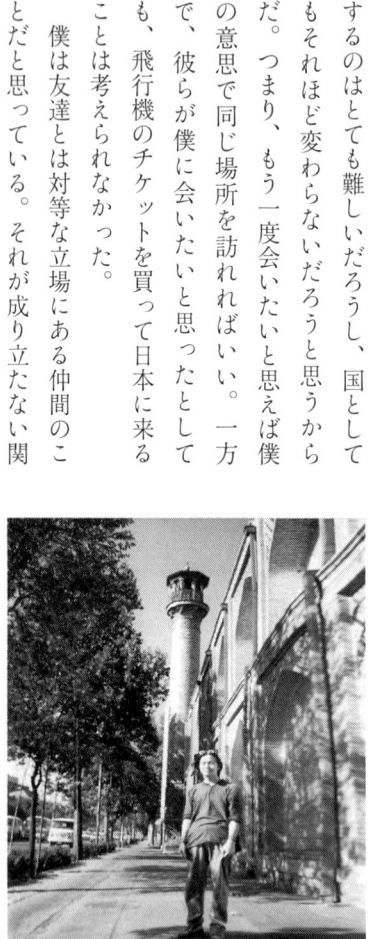

係というのは面白くないし、辛い。カンボジア出国の日「フレンド、また会おう」と言われて返す言葉が出てこず、ただ手を振った。

僕は単発のアルバイトを何回かするだけで1カ月ぐらいの「貧乏旅行」ができるお金を手にしていた。ラッキーな環境に生まれ育ったと思う。でも、そこで出会う人と、本当に対等な関係で過ごせることは1990年代のアジアではとても難しかった。学生時代にアジア約20カ国を訪問したが、行く先々でやるせない気持ちになった。

旅は続けた。見知らぬ世界を見ることが大好きだった。大学を卒業してもまだまだ旅をしたい気持ちは強く、会社を辞めることはできても旅をやめるつもりはまったくなかった。大卒時には旅に関する職業といえば旅行会社に勤めるか旅行作家として生きるぐらいしか思いつかなかった。旅を繰り返し、仕事の経験も積むにつれて、自分ならではの体験をもっと重ねたいし、自分ならではの経歴をどのように社会に還元できるのかと考えるようになった。会社を思い切ってやめることができたのも、彼らとの差の中で、自分が少しぐらい失敗しても死ぬわけじゃないと気づいていたからだ。恵まれた環境にいることを重々承知して過ごしてきたので、その立場を活かして世界の「マイフレンド」を本当の友にするために仕事をしたいと思った。

「マイフレンド」のために何ができるか？

でも何をすればいいのだろうか？　具体的なイメージはまだ湧いてこなかった。

それもそのはずだ。僕は一般的にスキルと言えるようなものをほとんど持ち合わせていないのだ。これは今に至るまで同じだ。

就職はいわゆる文系で、富士通で人事採用、リサイクルワン（現レノバ）で会社の立ち上げ（主に営業部門）、ライブドアでニュース部門の記者をしてきたが、一般的な言葉で言う強みは個人的にないし、「お金を稼ぐ」仕事はあまりしたことがなかった。会社を設立し存続するために必要な「ビジネス」の感覚がほとんどなかったといえるだろう。何をするか糸口もつかめていないときに、どっかで聞いたような「資金繰り」とか「資金回収ができず黒字倒産」などということを、ぐるぐる頭に浮かべたりもしていた。

ただ、旅とか平和をキーワードにビジネスのコンセプトを確立させ、それを広げたいという気持ちはあった。漠然とした思いがこの短いフレーズになったのは、平和学を学ぶために渡英する直前だった。旅を単に好奇心から行っていた一人の青年が、平和学を学ぶことによって、世界平和に貢献する旅人となる。僕一人では大それたことはできないけど、国家でなく、世界を自由に動く旅人の集合こそが、これからの時代の平和を作るのではないかと。これが僕の実感だった。

飲み会の幹事は人より多くやってきた

ただそれがどんなビジネスを生み、何ができるかが僕の職業体験からは導き出せなかった。

では、何がしたくて何ができるんだろうと振り返ってみると……。大学に入る前からずっとやってきたのが「飲み会の幹事」だ。予備校時代に京大を目指しつつ東大クラスに通っていたことがあったが、夏の東大模試の2週間ぐらい前から誰も遊んでくれなくなった。僕としては暇なので、終わったら遊ぼうぜと声をかけまくっていた。予備校の友達とはよく週末にバスケやサッカーをして気分転換をしていたが、「しばらく遊べない」から面白いことをしたいなと思って、結論として出てきたのが「飲み会」だった。

お酒が好きなわけではなかったし、飲み会の経験もほとんどなかったが、高校生のときに文化祭や体育祭が終わった後の「打ち上げ」は楽しかったなと思い、「東大模試が終わったら飲もうぜ！」と声をかけたらクラスメートの6割ぐらい、50人が参加したいということになった。初めて居酒屋を予約し、大いに盛り上がった。これが僕が宴会を開くのを始めたきっかけ。いつも話さない人と話したり、いろいろな人がつながるきっかけになるとても素晴らしい時間だと思った。

大学に入って、学校からの説明の後に「茶話会」という時間があった。先輩方と交流しながら、大学での生活についていろいろヒントをくれるお茶会だった。僕は京大の総合人間学部の一期生試験に落ちて、浪人して二期生で入学した。一期生は前例が何もないので相当苦労したらしく、後輩が少しでもスムーズに大学生活を送れるようにと誰かが企画してくれたらしい。その後、一期生と二期生でした飲み会も最高に楽しかった。

一年後、その年の茶話会は誰が企画するのだろうと他人事に考えていた。その場には行って飲み会にも参加する気満々。でも誰もやる気配がなかった。僕は一人暮らしのスタートを、その会合のおかげでスムーズに始めることができたと思っていたので、この流れを絶やしてはならないと思い、結局自分で声をあげることにした。人前で話すのが大嫌いだったので、そういうタイプではまったくなかったのだが。

結果的に予備校時代の飲み会に続き、二度目の成功体験となった。会合を純粋に楽しんでくれたのはもちろん、友達ができたり、その後の生活の不安がなくなったと感謝されたのだ。気軽な会合が人と人とをつなぐことを体験から知った。

乾杯は絶対にやりたくないことだった

大学時代には、数えきれないほどの飲み会をやった。

ただ、一つだけ、飲み会でやりたくないことがあった。それは会合のスタートとしての乾杯の発声だった。僕が声をかけた知り合いもたくさん来ているのだが、いろいろなツテで集まった見知らぬ人が過半数を占めることも多かった。そういう人に会の目的と趣旨そして希望を語らないと全体が締まらないと思ってはいたが、毎度毎度声が震えた。幼い頃から人前で話すのをできるだけ避けてきたのだ。

僕の開く飲み会の特徴は所属もそこに来た理由もさまざまな人の集まりだったので、乾杯の前にスピーチが欠かせなかった。いつも「誰かやってくれよ」と思っていた。できれば避けたいと常々思っていたが、他にやりたいと言う人もいなかった。乾杯を終えるとホッとし、あのスピーチで場が和んだよねなどと参加者から言われ、勇気づけられた。そしてスピーチがそこにいる人のその後の行動を変えることを体験的に知った。

異業種交流会などで偉いおっさんがくだらないことをほざき、参加者同士をつなげる努力をまったくしないことが、ほとんどのそういう会合の失敗の原因だと僕は知っている。乾杯をする瞬間に、勝負は決まっているのだ。

それ以降、自分の企画以外でも、例えば会社の飲み会でも僕はできるだけスピーチをするようにした。また、普段の人間関係が崩れるようにその時々に趣旨を考え、テーブルの配置や形式を変えた。幹事を避けたがる人が多く、その気持ちはよくわかるが、僕はそこに楽しみを見つけた。単に居酒屋を予約するだけでなく、会社の忘年会を立食パーティにしたりもした。「いつもと違う」から主旨説明が必要だ。僕は会合を盛り上げるための重要なスピーチをいつもした（乾杯の音頭は部長に譲りましたよ、もちろん）。

こんな経験を思い出すたびに、起業にあたって自分ができることは飲み会の乾杯ぐらいしかない、というより乾杯は任せてよと自信を持って言えるぐらいにもなっていたことに気づいた。

今は乾杯しかできない。乾杯を仕事にできないか

自分のスキルとして「乾杯」しかないと思ったとき、ずっとやり続けている「飲み会」をビジネスにしたらどうだろうかと考えてみた。盛り上げるのは得意である。パーティという形で人を集めて、「旅と平和」に関する活動をしている人を呼んで、その人のことを紹介する。その人に興味を持つ人も出てくるだろうし、金銭的に支援したいと言う人もいるかもしれない。街頭で募金集めをするより、価値のあることができるのではないかと思った。参加者は「楽しみ」に来て、世界のこと、知らないことを学んで帰る。当時は言葉も知らなかったが、今でいう「ファンドレイジング」のためのチャリティパーティを漠然とイメージしていたのだ。

僕は週8〜10軒ぐらいの飲食店に行くぐらいの「飲み好き」だ。とてもいい店が集客できず閉店する例も見てきたし、人気店と言われる店でも週末以外はスムーズに入れることを知っていた。そういう応援すべきいい店の集客のお手伝いとしてパーティを企画して、店にとっても、誰かに何かを訴えかけたい人にとっても、そしてたまたま縁あって参加している人にとっても楽しくてためになる空間を作り、それをビジネスにできないだろうか。これが僕の「乾杯ビジネス」の最初のアイデアだった。

ビジネス書を読み漁ったけれど……

これを実現するために、飲食店に対する提案書を作ろうと思い、外食ビジネスのノウハウ本を数十冊読み漁った。そして、そこで知った外食産業のあり方に、違和感を覚えた。特に疑問を思ったのは、当時流行りの「膝つき接客」と「お客様は神様」志向だ。

僕は飲食店について、毎日のように行く日本の店と、世界中で行ってみたさまざまな業態、つまりいわゆるレストランから街の食堂みたいなところ、そしてボロボロの屋台まで体験がある。高い店が必ずしもいいわけじゃないし、食べた後いつまでもしゃべっていたら怒鳴られたアジアの屋台が印象深かったりもする。「膝つき接客」とは注文を取るときなどに、地面に膝をつくこと。人と人との関係は常に対等でありたいと思う僕は、これが大嫌いだった。やめてほしいと言ったこともある。

しかし、それは当時の流行の一つで、そうするのが当たり前と考えている著者もいて驚愕した。「お客様は神様」という言葉もよく聞いてはいたが、それを外食が「売れる」ための「理論」として書かれていてとんでもない勘違いだと思った。どの本も似たり寄ったりで、世界を見ている意見はほぼ存在しなかった（海外の事例を書く著者はいたと思うが、それを超日本的視点から解釈して終わりにしていた）。

こういう理論を身につけて、それに基づいた提案を既存飲食店にするのはいい結果を産まないんじゃないかという直感があった。最初に資金をつぎ込む予定を立てていなかったので、誰かの空きスペースを活用することでビジネスをスロースタートさせようとしていたが、あまりに虫のよい話を考えていたのではないかとも思った。ノウハウ本に書いてあるセオリーは、とても視野の狭い常識的な意見なのだろう。飲食業はアルバイトすらしたことはないが、顧客の視点で言うと日本の常識を外しても楽しい空間は作れるはずだと思った。なにより、人と人との関係が対等な場所を作りたい。

そのとき僕は、まさかの発想を得たのだった。

「自分で店を作れば?」

自分の頭の中とはいえ、あまりに想定外な出来事で震えた。しかし、半年以上ビジネスプランが定まらなかった僕にとって、極めて具体的なプランとして「場づくり」に結論づけられたことは喜ばしいことだった。「飲む側」の自分が食事やビールを提供する側になるなどと考えたこともなかったが、約89秒ほど熟考して面白いことになりそうだと直感で感じた。そして、約2年間の日本パクチー狂会・会長としての活動が僕に跳ね返ってきた。

「パクチー出せば、店は繁盛するよ!」

僕は2005年4月に友人とのパクチーパーティをきっかけに日本パクチー狂会を立ち上げた。日本パクチー狂会を作った目的の一つに、僕はパクチーという強いキーワードを自分のものにしたいという気持ちがあったので、日本パクチー狂会のウェブサイトをしっかり作ろうと思った。

ドメインを取る段階でパクチーのタイ語のスペル「phakchi」で調べてみたところ「phakchi.com」が取得可能だった。もうワンクリックで登録するところでふと思った。このスペルは難しすぎるのではないかと。思いとどまり、日本人が直感的に書きそうなパクチーのスペルを考えた。2週間ほど、いろいろなパターンの「パクチー」をノートに書きまくった。そして行き着いたのが「paxi」だ。

その当時、僕が大好きだったウェブのサービスがある。「mixi」だ。「mixi」が「i」(人)を「mix」するということで名付けられたことを知った瞬間、閃いたのだ。僕がやろうとしている「パクチー」は「i」(旅人)が「pax」(平和)を創るという僕自身のテーマと重ね合わせておけばいいのだと。日本でほとんど食べることができず、しかし世界にありふれているパクチー。日本でパクチーを「知っている」人は、なんらかの理由で世界を旅したり、世界で仕事したり、世界に関心があったりする場合が多いだろう。ということはパクチーは「旅と平和」の象徴と言いうるかもしれない。思いがけず短いスペルを手に入れた僕は、すぐにそれでドメインを取得し、8月9日にパクチーの日を制定した。その後、いわゆるオフ会を継続的に開き、日本パクチー狂会・会長の名刺も作った。自ら肩書きを作り、それを名刺に表現したことで人生ががらりと変わった。

何度も書くが、僕は飲み屋が好きだし、パーティも相当主催してきた。店で接客する人とも注文のやりとり以外にいろいろ話す。日本パクチー狂会を始めたのは冗談みたいなものだが、せっかく名刺ができたので配ってみた。居酒屋でホールのスタッフに渡したとする。名刺というものは一人歩きする。そのスタッフはその名刺を持って同僚などに容易に話ができる。こんな人がいましたーとお客さんの報告ができる。何より「パクチー」だし「狂会」だし「会長」である。その頃、パクチーを知らない・食べたことのない人がとても多かった。でも飲食業に従事する人たちは一般人よりは食に対する知識も好奇心もあるだろう。

店が落ち着いてくると、決まって店長か料理長が僕のところに来た。半分笑っている。「僕もねぇ、好きなんですよー」とか「私はちょっと苦手でねぇ」と、パクチーについて勝手に語り出す。それからひとしきりパクチー談義をした後、僕は会長としての公式見解を繰り出す。「どうしてこの店にはパクチーのメニューがないんですか」。答えはこんな感じ。「ここ、居酒屋ですから」「イタリアンは使わないですねー」。いわゆるエスニック料理店も「日本人パクチー嫌いね」。

僕はそれに対し、パクチー好きは思った以上に多いですよと応じる。そして、店内にある空席を指差して、「パクチーを用意すればあの席は埋まると思いますよ」と主張した。もちろん、半分冗談で言っている。「会長」の公式見解として。ただ、当時は店で食べられるところが少なかったので結果として家でいろいろなパクチーのアレンジ料理を作っていた僕は、思った以上にいろいろな料理に合うと思っていた。僕のパクチー熱に、「機会あればトライしてみたいですよねー」と曖昧な言葉を返してくれた。面白いけど僕の言葉は信じないといった感じだった。

自分で飲食店を作るという青天の霹靂のような展開を思いついたとき、僕が多くの飲食人たちに無責任に言い放っていた言葉が、僕のところに一気に返ってきた。「パクチー出せば、店は繁盛するよ！」

飲食店の経験は皆無だったけど、パクチー屋を作ることに燃えた

飲食業の経験は皆無だった。パクチーを使った料理経験はそれなりにあったが、素人の勝手料理だった。そんな僕がパクチーを使って店を開けば、実力（ゼロ）以上に店のことを際立たせ、多くの人に認知してもらえるかもしれない。パクチー料理専門店を開けば、いくつかの雑誌に取材してもらえるかもしれない。

起業を志してから結構な時間が経ち、ようやくとっかかりのビジネスに関するアイデアが出た。まったく経験のないことは確かだが、他のどれを選んでも未経験のようなものだ。だとすれば、僕のテーマである旅と平和という意味を込めた「paxi」でこれまでにない、他人の人生を変えるようなレストランを作るのは面白いんじゃないか。お客さんが来ない恐怖もあったが、どんなビジネスをしても人を集められなければ失敗だし、それは自分と自分が作る事業の魅力にかかっているのだからやってみればいいのだ。こうして僕は、ある瞬間から「パクチー屋」を作るというアイデアに取り憑かれた。

やると決めて事業計画を書き始めた。よくある事業計画書の見出しだけ抜き出し、自分がやろうとしていることの概要をあぶり出した。初めて自分で会社を作る。初めて事業を起こす。わからないことばかりだったが、パソコンに向かって夢を綴ることはそんなに難しくない。事業を立ち上げるためにある程度の資金が必要で、事業を始めたらかなりのお客さんが必要だということがすぐにわかった。それを用意するために、僕の思いを理解してもらわなければいけない。まさか自分が飲食業を始めることになると思わなかったので、そのことを聞いた友人はどんな反応をするのだろうかとまず思った。紙の上に「飲食業の常識を変える」「世の中に風穴をあける」と書くのは簡単だが、それを読んで僕以外の人はどう思うだろうかと心配にもなった。

そこで僕は、自分の動向に興味があり自らアクションを起こすタイプの人に一人ひとり意見を聞いてみようと思った。もし僕がいつも開いているようなパーティで発表すると、雰囲気の中で「いいね！」と言われて、誰もちゃんとした検討をしないで背中を押してくれることになるだろう。気分はいいだろうが、それは危険だと思った。

会社立ち上げ資金の一部を公募することにして、興味があり納得したら出資したい人とマンツーマンで会って話をすることにした。公募をしていることは僕の口から直接は誰にも言わず、数年続けていたブログに書くだけにした。こちらからのアクションがなくても僕の動向を何らかの手段でキャッチしている人に話を聞いてほしかった。また、ブログに書いても当然僕がその話をしてくれると思って待っている人もいるだろうが、その中にも書いた通り自分からアクションを起こさない人は対象としてふさわしくないと思い、いろいろな人に言いたい気持ちをグッと抑えて連絡が来るのを待った。

起業当時に書いたブログを読み返してみた

自分で事業を立ち上げると公言した2月以降、多くの人から事業内容について聞かれながら、明言を避けていました。4月になってから諸機関や支援団体、友人などに少しずつ打ち明けています。

IT系？　ジャーナリスト系？　コンサル？　などと僕の事業を予想してくれる人もいましたが、そういうくくりではありません。そういう言い方で説明がつくのであれば聞かれたら答えたでしょう。しかし、僕がやろうとしていることには一般的な業種では言い表せない気がします。だから、自分のすべきことを何度も何度も図に書きました。最近になってようやく、理解してもらうために必要なことがA４一枚にまとまりました。それを描くために最初に鉛筆を持ってから、約5カ月が経っています。

ある人から「どういう事業をするの」と問われ、「(毎年恒例の)花見のようなものをイメージしてくれればいいですよ」と答えたときがありました。実はこれは冗談ではなく、大真面目な話です。

僕は同世代の起業家のように、時代の流れを先取りしてニーズを汲み取ってビジネスを始めるような敏感さは持ち合わせていないと思います。２０００年に富士通を辞めたとき、そういう面々の一員になりたいという気持ちが少なからずあって会社を飛び出したのですが、実力と気持ちが追いつかず、起業は自分の道ではないと思ったこともありました。でも、子どもでき〝落ち着くべき年頃〟という声が聞こえてきたこの時期に起業することを確定したのは、いままでしてきたことが蓄積し、大いなる自信になったからです。時代の流れを読むのはヘタかもしれませんが、誰も言い出さないことや思いつかないことをカタチにしたり、常識や理想論ということで片付けられてしまうことを追求し続けられるしつこさが僕にはあります。流れに乗るのは1つの手ですが、流れを作るというやり方が自分には向いているのではないかと思います。

20歳の頃から干支でひと回り。いろいろ思い悩みながらも好き勝手なことをしてきましたが、その中で得たアイデアをこれから事業化していきます。そして、自分はもっともっと面白いことをし、周りの人にも楽しんでもらいたいと考えています。

こんな〝花見〟的な僕の次の一手に興味のある人はいませんか？　僕の事業に株主として参加してくれる方を募集します。一口10万円からと考えています。小さな額ではありませんが、お金を貸してほしいというわけではなく、投資をしてほしい。連絡を下されば、事業内容を説明しに行きます。５月から約２カ月の間、公的機関の起業支援コースで事業計画を専門家に見てもらうことに決まったので、会社設立は7月末または8月初旬の予定です。（いないと思うが）僕を知らない人からの投資は受けません。

これからエキサイティングな日々が始まります。ぜひ僕の計画を聞いて、応援してください。よろしくお願いします。


これを書いたのは２００７年４月。将来上場したいというのはまったくなかったが、僕のコンセプトを理解してくれる人から応援してもらいたいということと、自分ごととして動いてくれる人からアイデアを広く集めたいと思ったからだ。資本金８９０万円のうちの３００万円は、一口10株で10万円という優先株を作り、公募して集めた。

どんな反応があるか恐れつつ、連絡をもらった一人ひとりに説明した。僕が飲食店を開くということに驚かない人はいなかった。そして飲食店を作る背景に旅があり「旅と平和」というコンセプトがあるという非常に回りくどい話に、面白そうと言ってくれる人は多かった。そして、話をしたほとんどは出資すると約束してくれた。「これから楽しみだね。成功を祈るよ。お金返ってこなくていいから」と皆が口々に言ったのが懐かしい。出資者が24人集まり、僕のビジネスはとりあえずスタートすることができそうという状況になった。

知らないことを「ありえない」と断言する専門家たち

僕はそれなりに面白い事業計画を作っていると思っていたが、世の中に受け入れられるかどうかはとても心配だった。十数年飲み歩いた成果で、友達は多いので、いろいろな人のツテを辿って外食コンサルタントや中小企業診断士など、いわゆる専門家に会う機会を作ることにした。彼らと面談をして、事業計画を褒めてほしかったのだ。

「パクチー料理専門店をやるんです!」。株主も揃い、少しずつ自信がついていた僕は専門家の皆さんに僕の計画を話した。反応は……すこぶる悪かった。初めて会う僕に、とても遠慮しながらではあるが、この人何を言っちゃっているんだろうという表情がありありと見えた。

「佐谷さんは……飲食業の経験がないんですよね……?」「パクチーってどうなんでしょう、いや、私は嫌いじゃないんですよ……」「オリジナリティは大切なんですが……独善的っていうかなんというか……」。

最初の数回はそれを聞いてとても凹んだ。僕の計画は常識的でないし、常軌を逸しているし、通常の感覚からすると「ありえない」のだ。数々の事例をもとに経営者の指導をしている彼らからすると手に負えないといえるのかもしれない。

ついに「グリーンフィールド」を発見

C520504450 81C

日販 3 122-01-3

D91—50 客注

187280 2
アメリカ
ABC
1P14

客注

商　業　　客注専用短冊

冊数 1 冊

トランスビュー

佐谷恭

絶版新書

「ありえない」をブーム
にするつながりの仕事術
世界初パクチー料理専門店を連日／八木書店

ISBN978-4-990928-06-3 C0030 ¥1750E
1872803000022
B07241231774B

本体 1750円

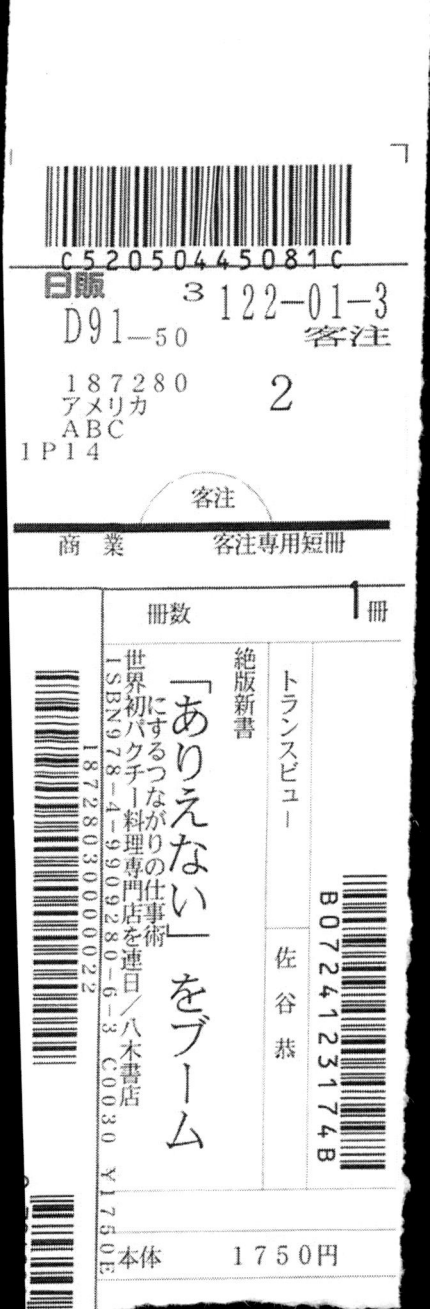

そういう専門家との面談が10回を数える頃から、僕は相手の言葉をあまり気にしなくなっていた。特に誰も賛同しない「パクチー料理専門店」の話だが、彼らは好きだったり知っていたりはしても、年に何度もパクチーのことを考えることはないだろう。僕は2年間、ほぼ毎日パクチーについて考え、パクチーで遊んできた。なにより日本パクチー狂会の会長だ。そしてその過程で、たくさんの仲間もできたし、潜在的にパクチーの可能性が大きいことを実感してきた。その上で自分の人生を賭けようとしているのだ。経営者を指導していく立場の人たちが、まったくそれに気づいていない。話をしてもまだ理解できない。これは大チャンスに違いないと思うに至ったのだった。ぼくはそのとき、目の前に地平線までパクチー畑が広がっているシーンが見えた。「ブルーオーシャン」ならぬ「グリーンフィールド」を僕は発見したのだ。

パクチーハウスの開店は2007年8月9日を目指していた。が、初めてのことばかりで何からどうしていいかわからなかった僕は、計画を立てるだけでその日を迎えてしまった。物件候補を見に30軒ぐらいの物件はまわっていた。完全ど素人の僕は、数十万の家賃にひるむしかなかった。理想的な物件というのはそうそうあるわけではないからだ。とはいえ、手続きは先にしておこうと思い、8月9日に合わせて株式会社旅と平和を設立した。そして、会社設立記念パーティという名目で、中目黒のイタリアレストランを借り切ってパクチー料理のパーティを開いた。計画はできている。それについてたくさん語ることはある。ただしまだ実体がない。僕はこのパーティに来てくれた50人以上の友人たちにパクチーハウスについて語りまくり、いよいよ実行しなければと気合いを入れ直した。

解体するお店を「改造」してできたパクチーハウス東京

その後お盆の最中にネット検索で見つけた物件が、その後にパクチーハウス東京になる。イメージより広く家賃は自分が想定していたよりも高かったが、そろそろ前に進むべきと思って決断した。何より、その物件は店内に遮るものがほとんどなかったのがよかった。「誰かが乾杯しようと言ったとき、同じ空間にいる人全員がその人の姿を見ることができる」。これが僕の唯一絶対的な条件だった。その時点でそこは掘り炬燵のある座敷で、簡易パーテションで区切られていたが、乾杯で盛り上がる店内を具体的に思い浮かべることができたのだった。

「他にも申し込みがあった」と言われたが、連絡したのは僕が最初だったようで、簡単な審査の後契約をすることになった。急いで内装工事の会社も探した。事業計画の段階で内装工事にお金がかかるというのは知識として学んだ。

しかし、事業計画の中では「それなりに資金をかけて内装を作る」ことを書かず「なんとかしよう」と思っていた。僕の予算は最大で600万円ぐらい。その話もしていたのだが、各社からきた見積もりは、僕の予算の2倍以上とのことだった。「お金をかき集め」てでもやるというのはこういうときなのだろうか。やることは決まっている。ただお金が計画と違う。とりあえず……全部断った。

「困った」と思いながらパクチーハウス候補地に行った時に、ある会社との出会いがあった。元の店を解体するために見積もりを取りに来ていた。僕は彼に言ってみた。「壊すんですよね、半分だけにしてくれませんか」。無茶を承知だったが、言ってみるもんだ。「えっ？　壊す人が次作るならありだけど、解体はここの大家さんからの仕事だしねぇ。どうしたいの？」。立ち話では説得しきれないと思い、僕は彼と飲む約束をした。

数日後、三軒茶屋の居酒屋で待ち合わせ。僕の事業計画を語り、資金が少ないことを伝えた。自分でできることはやるということも含め、３００万円で何ができるかという話をした。「壊すより壊さないほうがいいですよね」という言葉をもらい、解体の続きで僕がイメージする店舗への改造をお願いした。内装のいくつかを残したことで、その後つながる縁もたくさんあった。そこまで予算を抑えたことは後で効いた。開店3年後に失敗が重なり、大震災による営業停止などで債務超過に陥ったとき、個人の資産まで全部突っ込んでギリギリセーフだったからだ。

パクチーハウス東京はこうして、なんとか店舗ができることになった。

第3章

パクチーハウス東京が始まった

「伝票なんか、いる?」

飲食店によく出入りをしたが、働いたことはなかった。メニューの注文はよくしたが、注文を取ったことはない。事業を立ち上げるにあたっているものといらないものを自分なりに検討したつもりだったが、抜けていたことも随分たくさんある。そのうちの一つが伝票だ。

伝票の存在は知っていた。でも、メモ用紙程度の認識しかなかった。レセプションを終えて営業初日となった2007年11月20日。散乱する物品をそこら中に押し込むのが精一杯だったが、開店の午後6時が近づいていた。商店街の2階にある誰も知らない新店舗に最初から人が殺到するわけはないが、友人が何組か、予約をしてくれていた。

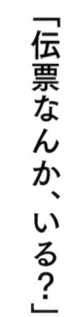

知人の縁で「たまたま3カ月ほど空いている」人がオープニングスタッフとして入ってくれていた。彼女はごちゃごちゃしたカウンター周辺を片付けて言った。「恭さん、伝票はありますか?」。それに対して僕は「伝票なんか、いる?」と真顔で答えたのだった。彼女は冷静に「あったほうがいいですよ。買ってきますね」と向かいの文房具屋さんに行ってくれた。それからほどなくして、お客さんが次々に入ってきた。伝票は便利だった。飲食店を開く人は、買ったほうがいい(笑)。

僕は万事がそんな感じなので、初期のスタッフは意見を言い、それぞれのアイデアを実現していった。その後スタッフ内でマニュアル化やオペレーションの統一などに関する要請があったが、極力それをしないことにしたのはこの時期の経験が大きい。

飲食店経験者は雇わない

「伝票すらない」スタートを選んだのには理由があった。僕は「ありえない」と評される店を作ろうと思った。パクチーを使うということだけじゃない。飲食店の勉強をしまくった約10カ月前に感じた違和感を、自分の店に取り込みたくなかったから。僕は「ほとんど何も知らない」ので、飲食業の経験者から「普通こうですよ」と言われても反論できない。だから飲食業の常識を持ちすぎている人がいると、僕の事業が思うようにいかないと思っていたからだ。相席で仲よくしゃべってほしいとか、メニュー表をみんなでわけあってほしい（開店時は2冊しか置かなかった）とか。5年後ぐらいにシェアの発想が徐々に社会に浸透してくるが、これを実現するためには「日本の飲食業の常識」は害にしかならないと思っていた。

仕入れについてもまったく知らなかった。「業務用スーパー」の存在は知っていて、そこでみんな買い物をしているのかと思っていた。足りないものはスーパーで買い、マニアックなものはネットで買うことにした。業務用スーパーで当初買っていたのがジャスミンライス、豆腐、ラム肉、油などだ。スーパーに売っていないか大きなポーションで扱っているものだ。これらはメチャクチャ重いものばかりだ。家から三軒茶屋までバスで行き、ハナマサで買えるだけ買って世田谷線で宮坂まで。そこから歩いてパクチーハウス東京へ向かった。一度じゃ買いきれないことも多く、2度行ったことも。

数日後自転車を買って少し楽になったが、全身筋肉痛でこのままだと死んでしまうと思った。加えてその当時、片付けの程度もわからなかったので夜遅くまで残っていた。初日は明け方4時に店を出たし、その後も2時ごろまではかかっていたと思う。毎晩、初代シェフとヘトヘトになりながら店を出た。

腕が千切れるかもしれないと思ったある日、ふと周りを見回すと、たくさんのトラックが走っているのが見えた。ボディには「肉」とか「魚」とか書いてある。そして、会社名と電話番号も。それまで気にしたこともなかったが、世の中配達の車がたくさん通っているのだった。片っ端からメモして、電話をかけた。1カ月後には多くの食材がトラックで届けられることになった。

当時のお客さんは平均20～30人。その食材の重みを短期間でも感じたことはよかったのだ！

採用時に「学歴不問。学歴のある人はその根拠を求めます」と書いた理由

スタッフ採用のときには「学歴不問。ただし、学歴のある人はその根拠を求めます」と書いた。学歴があるのであれば、その分を社会に還元してほしいと思ったからだ。これも旅で学んだことだ。

不真面目な就職活動でも拾ってもらえた大きな要因の一つに僕の学歴があると思う。会社に

入ると私立のメジャー校は年次を越えた馴れ合いの会があるし、◯◯系の部署は△△大学が主流派などという話もよく聞く。実際の人事考課でそれがどういう影響を及ぼしているかは知らないし、僕は興味もないし、しかし、それに甘んじている人はたくさんいると感じた。

初めて会社を辞める決断をするのはとても怖かった。貯金残高が10万円を超えることはほぼなかった大学時代を終えると、初任給で20万円ぐらいが振り込まれた。これは大変なことだった。よく飲みに行くが他にほとんどお金を必要としない僕は、その額を使いきれなかった。在籍した2年半で数百万円の貯金ができたぐらいだ。

それを失うのは「もったいないよね」と多くの人から言われた。確かにそうだと思った。でも、元々そんな収入はなかったのだから、なくなっても死ぬわけじゃないだろうと思った。怖かったのは金銭より、社会から外れるかもしれないということだった。好きでも嫌いでも「仕事をするのが当たり前」だし、その道から外れるとどうなるのだろうという漠然とした不安があった。

しかしながら、僕は自分の人生の中で自分で自分の道を選ぶことだけはやめたくないと思っていた。会社の仕事には面白いものもつまらないものもあるし、それを選ぶことはできる。やり方を変えることもできる。ただ、ある部署に属することは、自分だけしかできないということでもない。自分の独自のやり方を評価されることはあるが、些細なことだ。学歴が高いのに自分の人生を生きられないとしたら何の意味もないと思った。なんのために学んできたのか。

学歴という既得権益のようなものを使って地位を築いて何か楽しいことがあるだろうか。胸を張って「京都大学卒業」と言うときがあるとすれば、自分が納得して人生を歩んでいる結果だろう。そう考えることが、周りの「もったいない」とか「進路を決めてからでも辞めるのは遅くない」という言葉を振り切って前に進む原動力となった。

自分で会社を作ったあと、採用のページに「学歴不問。ただし、学歴のある人はその根拠を求めます」という旨のことを書いたのは、やったことの意味を自分の人生の中できちんと考えられる人と仕事をしたいと思ったからだ。「高校を中退したので」と卑屈になることはないし、大学で遊んでいただけで「大卒」と偉そうに言う意味もないのだ。

店舗を維持するのはこんなに難しいことなのか

飲食店の常識にとらわれないことを目指した一方で、自分が作った店を維持・発展させるための最低条件を意識しなければならなかった。当然のことだが、スタッフの人件費と家賃を食材その他のほかに支払う必要がある。そのために必要な額を計算してみると……。

一般的に飲食店が健全に成り立つためには、売上に対する家賃比率を10%以下に抑えることが必要とされている。お金のかけ方はそれぞれだが、東京都内の家賃を考えるとこの数字は概ね正しいと思っている。パクチーハウス東京の場合、一日あたりの平均売上高は、開店当初で12万円が必要だった。

開店初日は伝票が届いた少し後からお客さんが入り始め、初めてのことでなにがなんやらわからないままあっという間に閉店時間の11時半になった。あっちこっちずっと走っていた。営業終了後に初めて売上を集計したときに目標額に満たず愕然とした。店舗を維持するのはなんと難しいことか。翌日からのお客さんの入り具合も安定せず、途方に暮れた。

直接営業が個人店繁盛への王道

パクチー料理専門店というおかしな業態、パーティ営業という聞いたこともないスタイル。そこに「思い切って」足を踏み入れてもらうためには一般的な情報源はそぐわない。決まったフォーマットの中で、そういうこだわりの部分は光を当てることがないし、「なんかよくわからないことをやっている」というよくわからない情報だけが一人歩きする。

パクチーハウス東京を開いて、僕は毎日不安だった。毎日毎日、お客さんが来てくれるかどうかわからなかったからだ。「1人でも来てほしい」と願い、夕方ぐらいから友人たちに毎日のように電話した。


「もしもし、元気?」

「おー、店開いたんだよな、たしか。パクチー◯◯だっけ?」

「そうそう。来てよ」

「うん、そのうち行こうと思ってるよ」

「そのうち……じゃなくて、今日来てよ。店なくなるかもしれないぞ」

幸い、飲み会の多かった経験が奏功して、連絡先はたくさんあった。そして、たくさんの人に誘いをかけた経験から「いつか」とか「そのうち」「今度」にほとんど意味もないことも知っていた。だから電話して、すぐ来てもらうしかないと思っていた。

友人以外でもそうだった。店をスタッフに預けられるようになった頃、さまざまな飲食店を視察しつつ、お店の人やスタッフに話しかけ、パクチー料理専門店を経営していることを明かした。近くに座っている人の皿に緑のものが見えただけで「それ、パクチーですか」と聞いてみた。そうじゃないことはわかっていても。

パーティ営業はお客さんに直接説明したり、友人に電話するパターンが当初は圧倒的に多かった。もちろん、毎回ブログを書くなどせっせと告知を頑張ったが、手応えはあまりなかった。お客さん宛のメルマガをスタッフで順番に書いていたこともある。登録している人数は少なかったが、確実に伝えられる方法だったと思う。

Twitter、Facebookなどはいち早く活用し、先進事例として何度も取材された。ＳＮＳは一般に普及する前が一番楽しく、アーリーアダプター同士は、出会ったことがなくても友達のようにやりとりする。直接営業のツール。スマホを見て何かやってるのは今では普通だが、その当時やっていた数少ない人たちはみんな友達だった。パクチーハウスにもパクチーにもさほど関心がなくても、ＳＮＳの新しいコミュニケーションのあり方に関心のある人たちがたくさんやって来た。彼らはパーティや交流する飲食店という僕が伝えたいことを直感で理解し、多くの人に語ってくれた。

嬉しい誤算だった取材ラッシュ

起業のネタを考えていて、まったく未経験の飲食店をやろうと思いつき、日本パクチー狂会の活動からパクチー料理専門店を思いついたとき思ったことがある。それはまったく飲食業の経験のない人間が、珍しいことをやることで、実力が付く前でも注目される可能性があるということだった。事業計画作成時にも「雑誌に3～4誌取り上げられることによる知名度向上」という旨のことを書いた。

しかし、この目算は完全に誤算だった。開店日になる前に10以上の取材を受けたのだ。その後1年足らずで100件以上の取材を受け、その勢いは止まることがなく、パクチーハウスから派生した事業や周辺的な出来事を含めて10年で1000を超えるメディア露出があった。

取材を受ける際、必ず意識していたことがあった。

それは「質問には答えない。コンセプトを語る」こと。

特に初期の頃、「パクチー料理専門店を開いた理由」ばかり聞かれたが、ほとんどの取材でほしいのは簡潔な答えで、僕が旅をして平和学を学んでパクチーに出会って……という背景は、その取材の内容に比して長すぎるということがわかった。だからこそ僕は語った。紙面に余裕がないのはいいが、パクチーハウスの真意を聞かずに帰るのは取材の意味がないからだ。どんな取材でも1時間の時間を取り、「そんな薄っぺらくない」ことを理解してもらうのが各取材対応のミッションだった。それが紙面に反映されないのはわかっていた。でも、いろいろな人の意見やアイデアを聞くのが仕事の人たちに、僕のことを植えつけておきたいと思った。

これをやってよかったことが2つある。一つは、自分の考えていることを人に伝える過程を持つことで頭が整理され、さらに質問を受けて考えることにより新しいアイデアが浮かぶことだ。取材中に「そうか」と思って事業に反映させたことは多数ある。質問の「千本ノック」で新たな発想をたくさん得た。もう一つは「記事に書かない」にせよ、僕のこ

取材の「千本ノック」を受けたことは貴重な体験。取材者にコンセプトを語り続けた。

とを他の記者に話してくれたおかげで他の取材が舞い込んだり、記者の知人・友人が話を聞いて来パクしてくれたことだ。「千本ノック」は有効だった。

「記事」より「訪れた人に聞いた面白い話」のほうが圧倒的に影響力がある。もしかすると記者さんたちも気づいていないかもしれないけれど、パクチーハウス東京はそうした取材に始まるそういう口コミの恩恵をかなり受けたといえる。取材者に語りかけることはとても重要なのである。

取材を受けると起こる3つの悪いこと

とはいえ、一つひとつの記事やテレビ出演は、驚くほど効果がないものが多い。複数のメディアで見たり、テレビで観た店のことを別の雑誌で見かけたことによって初めて一部の人が行ってみようと思うものらしい。ネットでよく「あとで読む」と書いて読まない人が多いが、そんなものだろう。知られることとお客さんになってくれることは全然違う。

初期の頃はメディアに出ることを過剰評価していたので、特に電波に乗るときは仕込み量を多くするなどして備えた。しかし、急激に増えることはほとんどない。パクチーハウスを開いて初めての年始、営業初日にラジオの生中継をした。全スタッフに気合いを注入し、食事もたくさん用意したが、その日のお客さんは1人か2人だった。言うまでもなく、パクチーハウス史上最低記録であった。

テレビの効果の例外は、人気の芸能人が出演する番組に出るときだ。王様のブランチに出たとき、観終わって準備のために出勤したら15人ぐらい並んでいた。ランチ営業はしていないのでその旨を伝えると、「テレビでやってたじゃないか」「遠くからきたんだ」と怒鳴られた。彼らは夜まで待つほどはパクチーハウスに来たいわけではなかったようだ。

テレビ取材を受けると毎回3つの悪い側面があった。

一つは時間の約束を守らないこと。渋滞・役者の都合・前の取材が押しているなどの理由で定刻に始まることは少ない。そして遅れた結果、スタッフの賄いの時間が潰れ、営業時間を侵食したこともある。

二つ目はテレビの撮影スタッフにヒエラルキーがありすぎること。タレントがえらく、プロデューサーかなにかがＡＤに暴言を吐く。僕が最も撲滅したい組織のあり方だ。それが内輪だけでなく、接する人たちに悪影響を与えていることを意識しないといけない。あと中ばかり見て僕や店のスタッフに挨拶すらない人も結構いる。僕の家にそうした人たちが土足で踏み込んできて不快だと思ったこともある。

三つ目は、テレビを観て来た人たちの存在。タレントがどこに座ったかを聞き、テレビで観たものを注文する。それだけなら可愛いものだが、やはり僕が作った店の雰囲気やコンセプトをまったく意識しないし、話しても聞こうとしないのは悲しかった。そういう人は一定数いる。何十万人・何百万人が観ているのだろう。テレビにも１００回以上出させてもらった。テレビでパクチーハウス東京を初めて知った人ももちろんたくさんいるだろう。テレビに出ないでおくことは、店の集客などを考えるとなかなかできなかった。6周年を過ぎてやっと、タレントが出る番組は断ろうと方針を固めた。テレビの取材を受けるのはやめようと思えたのは、密かにパクチーハウスを閉店しようと計画し始めた8周年より後だった。

「新規事業を作らなければ」と焦っていた3年目

「右肩上がり」の「成長」を目指し、会社設立3期目の終わりには「新規事業」を作るべきだというプレッシャーを勝手に感じていた。経営者として、自分が手を出さなくても回っていくようにしなければならないという考えに取り憑かれてもいた。「パクチー料理専門店」という奇抜さから取材が殺到したことは前に書いたが、その勢いは衰えることはなかった。一方で、記事は似たようなものばかり。珍しい食材に特化した店があるというものばかりで、僕が本質的に訴えている「交流する飲食店」の要素はごく稀にしか記事にならなかった。

「交流する飲食店」というサブタイトルをパクチーハウス東京に付けたのは、僕自身が旅で訪れた海外のゲストハウスでの体験を多くの人に味わってほしいからだった。誰でも気軽に溶け込めて楽しめる空間。コミュニケーションが苦手だなと思う人でも自然と雰囲気に溶け込める、そんな場所が世界にはあることを一人でも多くの人に伝えたいと思った。

さっきまでまったく知らなかった人と会話をして、その日を楽しんでもらえばいい。いろいろな感覚・考え方の人がいることを知るだけでも世界平和の一歩となる。人と人とがしゃべるきっかけを築くことで「店内が盛り上がる」ぐらいのことを考えていたが実際はそれどころじゃなかった。

隣り合ったお客さん同士が会話を楽しみ、次回の予約を一緒にしてくれることがあった。隣の人と話してみたら面白く、近くのテーブルが次々につながって仲よくなり、パクチーハウス東京をリピート利用してくれるだけでなく「世界の料理研究会」みたいなグループを作って東京中の飲食店をめぐるようになった人もいた。さらに、パーティ営業というスタイルで誰でも参加できる社交の場を作ったら、そこで意気投合した人同士が気が合って話が合って、一緒に会社を作ることになったと報告してくれた。

またある日、見知らぬ女性から突然「佐谷さん、本当にありがとうございました」と言われ、まったく見覚えがないので自分の記憶を疑った。しかし彼女が僕に「話しかけるのは初めて」とのことで頭が混乱した。

聞いてみると前回初来パクしたときに満席で座れず、立ち飲みスペースに案内され、立ち飲みはまったく希望していなかったけどパクチーが食べたかったのでやむなく受け入れた。横に騒がしい4人組がいて迷惑だと思ったが、関係ないはずの自分にちょくちょく振り意見を求めてくるのでとてもウザいと感じた。彼らは「仕事がいかに楽しいか」という話をしていたがほとんど関心はなかった、とその女性は語った。

彼女自身は定時で終わり、土日もしっかり休める仕事をしていた。給料も悪くなく、毎年数回趣味の海外旅行にも出かけられた。仕事は仕事であり、プライベートが充実しているので何の不満もなかった。「でも横のグループの人がうるさくて」その日帰宅してから「仕事を楽しむ」とはどのような意味なのだろうと考えて初めてキャリアについて真剣に考えた。その結果、「本当にやりたい仕事を見つけ、転職したのでお礼を言いに来たんです」。

突然の告白に、僕の事業が思わぬ波及効果を呼んでいることを知り、嬉しくなった。そして一連の経験から、人と人とが話をするとその人の人生が変わり、結果として世界は変えられるんだなと感じた。

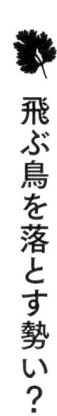

飛ぶ鳥を落とす勢い？

パクチーハウス東京はオープンから2年半ぐらい、波はありつつも順調な滑り出しをしていたと言えると思う。売上や利益よりも、取材件数の多さから、来パクしてくれるお客さんや商店街の方々からも評価され、どんどん成長させなければと考えていた。

2周年の際に初めてランチ営業を始めた。パクチーの種（コリアンダーシード）を主なスパイスとして使う料理の代表格であるカレーを提供することで、パクチーの別の側面（葉っぱだけじゃない）を紹介しつつ売上拡大を目指した。昼夜の相乗効果がなかったわけではないが、低単価のランチでは利益を出すことが難しいと、やってみてわかった。不振の日を含めると人件費率が８割近くとなり、ランチ単独で黒字化するにはほど遠かったが、「新規事業」を作らねばと躍起になっていた。いくつもの事業計画を作り、２つの事業を始めることにした。

２０１０年７月１日東京初のコワーキングスペースPAX Coworkingを仮オープン、８月１日正式にオープン。８月25日、鳥獣gigaオープン。

パクチーハウス東京から南に２・５km離れた、同じ世田谷区内の用賀に「鳥獣giga」という交流する飲食店を立ち上げた。「飛ぶ鳥を落とす勢い」だねと口々に言われ、希望に燃えていた。

コンセプトは、自分で焼く立ち飲みＢＢＱ。自然の肉（鳥獣）と自然の野菜をたっぷり（giga）食べて好きなだけ飲む。パクチー

自分で焼く立ち飲みBBQ。そのスタイルは斬新だった。

ハウス東京で話題になっていた琥珀エビスのメガジョッキをさらに一回り大きくしたギガジョッキも用意した。オーガニックとか自然野菜というと女性が好むものと言われるが、働き盛りの30代・40代男性も「いいもの」を食べて健康的なほうがいい。

不摂生と健康診断に引っかかることをステイタスとして、ドクターストップで「我慢して」健康を維持するのではなく、いいものを大いに食べて飲んで元気な身体を作ろうじゃないかという提案だった。ブームが来る前のジビエと、そのまま食べても美味しい味の濃い野菜の数々。これらを一台しかない焼き場でワイワイ楽しみながら焼く。「お客様」として座っているだけでは食事ができず、立ち上がって店内をウロウロすることが必須となる。焼き方はスタッフがアドバイスもできるけど、焼いている人同士声をかけ合ったり、「奉行」が生まれたり。そこには自然にコミュニケーションが生まれていく。

そのスタイルは斬新で、体験した人からの評判も上々だった。パクチーハウスほどではないが取材もそれなりに入り、NHKの番組でも時代の先を行くコミュニケーションの起こる飲食店として紹介された。

鳥獣gigaにはたくさんの人がお祝いに駆けつけてくれ、華々しいスタートを切った。パクチーハウス東京のランチカレーは赤字の状態に慣れてしまっていたが、新事業への注力に伴い、特に対策を取らなくなっていった。そして、ほどなくして鳥獣gigaも計画通りにはいかないことが判明。事業立ち上げの難しさを再認識した。

売上を伸ばすのが至上命題との焦りもあり、鳥獣gigaもランチを始めることにした。パクチーハウスでランチ開始時から昼と夜のスタッフを別にしていたのは労働時間をいたずらに伸ばさないためで、労働基準法遵守と言っていたのだが、鳥獣gigaは「立ち上げたばかりで緊急時」ということで長時間働くことに理解を求めた。鳥獣gigaの責任者は、パクチーハウス立ち上げ時のシェフだった人だ。「最初の苦労はわかるでしょ」という甘えで押し付けていたと今は振り返ることができるが、不満が表面化されるまで僕はまったく気づかなかった……。

肌寒くなる頃には会社の懐も寒くなってきた。僕の焦りはスタッフに伝わっていたのだろう。パクチーハウス東京も業績が落ちてきた。何度も後悔しながら、スタッフに苛立ちをぶつけてしまった。時々スタッフがPAX Coworkingに話をしに来ても、僕のほかに誰もいないことも多かった。コワーキングの理想論は語っていたが、実態はそれに程遠く、また、Jellyで何度か体験した素晴らしさを言語化することができていなかった。後で知ったが僕が自分のためのオフィスを構えたと思われてもいた。

メディア露出は相変わらずあった。それが記事になるとそこで語る理想の姿と実態は乖離していく。僕自身、心が引き裂かれるような感覚を持つようになり、スタッフとの溝が深まるのがわかった。経堂と用賀を1日に2～3往復して、状況を打開し、スタッフが仕事に納得感を持ってもらえるようテコ入れを始めたが、目に見える変化はなかった。

練りに練ったアイデアから生まれた事業が「鳴かず飛ばず」になることは、考えてもみない。「行ける！」と思うから立ち上げるのだ。もちろん、伸び悩むことも事業計画には織り込むが、計画の範囲ですべてが収まるとは限らない……。「飛ぶ鳥を落とす勢い」と言われながら「飛ぶ鳥が落ちる」ような感覚を僕は持っていた。

業績が落ち始め、スタッフの気持ちが離れていく……

解決の方向性が見えず、全員でじっくり話すことに決めた。2010年の年末の3日間の営業を取り止め、ミーティングの時間とした。決算書や帳票類、預金通帳を開示し、質問に答えた。また、日々の業務の進め方などについてスタッフが作ったリストに基づいて話し合い、確認し、決定していった。数カ月にわたり、スタッフ同士で営業終了後に話したりメールのやりとりをして蓄積をしていたとのことで、ミーティングを始める前は正直恐怖しかなかった。自分が自分の意思で会社を作り、理想的な空間を生み出したいと思って3年が経ち、また、定休日をなくして実質的に自分の心が休まる日がなくなって1年が経った。どうしてこんなことになってしまったのだろう。

しかし、スタッフと対話を重ねることで、僕の気持ちから怖れが消えていった。自分なりに思うこと、考えることを伝えていく有意義な時間。すべてが完璧にいい方向に向かったという単純な話ではないが、疑問に感じていることを本人たちの口から直接聞き、それに答えを出すことで絡まった根が少しずつほどけていった。

ただ会社の通帳にほとんどお金が残っていないことは驚きだったようだ。鳥獣gigaを立ち上げた2カ月後ぐらいから僕自身の報酬は払えなくなり、12月の給料日には残額が足りず僕の口座から振り替えた。取材を受け続けているし、お客さんもそれなりに来ているのにボーナスは少額で、昇給もそれまでは実現できなかった。当時は日給の社員には残業代がなかったので、そこに対する不満もぶつけてもらった。会社が本当の意味で軌道に乗り始めたときに彼らの意見は活かされることになった。

ロングミーティングの最終日は、各自がパクチーハウスを通じて実現したいことを語ってもらった。それぞれに個性があり、それに基づいたアイデアがある。各自のスピーチと、それに伴う全員でのディスカッションに加わりながら、メンバーの力を活かし切れなかったことを恥じ、それどころか各自を抑えつけてしまっていたのだと反省をした。ロングミーティングを終え、アルバイトスタッフも加えてその年の忘年会を楽しく行った。数字的な経営面での苦境は何も変わらないが、精神的にはずいぶん解放されて新年を迎えることができた。

即断即決、鳥獣gigaを半年で閉じることに

鳥獣gigaはそのスタイルと、ジビエと自然栽培の野菜の美味しさにリピート頻度はパクチーハウス東京より高かったが、お客さんの絶対数は伸び悩んだ。メディアの取材を受けると遠巻きに眺める人が増えたが、得体の知れない業態に飛び込む人は少なかった。パクチー料理より

もマニアックさはないと思っていたが、同じぐらいニッチで、しかも商圏はそれほど広く取れなかった。

開店2カ月後に排煙ダクトを追加で設置。焼き台が混んだときの外部への煙の流れが近隣に迷惑をかけないための施策だったが、それなりに大規模な工事だったにもかかわらず、あまり長く使えないかもしれないと思いながら見ていた。1年ぐらいしか使わないとしたらもったいないないと思っていたが、実際に使ったのは89日間ぐらいだった……。

ランチ営業、チョリソー食べ放題、エゾシカ解体ショーなどいろいろ実験をしてみたが客数は伸び悩み、結果的には開店から半年で撤退の決断をすることになった。居抜き店舗を活用してコストを抑えて店をオープンさせたが、追加投資は嵩んだ。新しくつくったも

PAX Coworkingは理想的な空間とコミュニケーションが生まれていた。

のを捨てるのは勇気が要ったが涙を飲んで開店したばかりの店舗を閉じることにした。「新店舗開店おめでとう」と言いに来てくれる友人が直前までいたが……。

一方で、知名度がさらに低かったコワーキングについては可能性を感じていた。実態としてメンバーは数人しかおらずドロップイン利用（一日利用）も稀にしかない状況が半年間続き、経営としては鳥獣gigaの不振に加え苦しい以外の何もなかったが、呼びかけて月に数回開催したJellyでその可能性を強く感じていた。まだ僕自身もそれについて的確に語る言語を持っていなかったが、他に類を見ない理想的な空間とコミュニケーションがJellyによって生まれていた。

その後のコワーキングの躍進は、時代の流れも味方してくれた結果でしかないが、僕自身がその伝道師になって日本中に招かれたことは、コワーキングを併設しているパクチー料理専門店のユニークさを際立たせ、その後作ったシャルソンの普及にもつながった。このときの状態で「コワーキングはやめない」と決めたことは大きかった。

2012年に共著で書いた『つながりの仕事術』の「コワーキングとはなにか？」という文章をこの章末に掲載した。時間が経過してコワーキングを取り巻く状況は大きく変わったが、その起源は今でも読み返す意味があると考えている。

初めてリストラを断行、そして誰もいなくなる

コワーキング関連では大きな変化があった。ネットを通じて世界中のコワーキングのパイオニアとつながるようになった頃で、誰かの紹介で見学やドロップイン利用をしてくれる人が少しずつ増えてきた。そして、コワーキングで日本とアジアを率いていると認めてくれたヨーロッパ人たちが、コワーキングとJellyを広める「Ambassador in Asia」に僕がなるべきだとノリで指名してくれ、その役割を（作って）果たすようになった。

そんな少しの明るい兆しが見え、ミーティングで気持ちを多少整理することができたので年明けに日常を開始しつつ、会社の進むべき進路を改めて検討した。経営的な「苦しさ」は現実にあり、すべてをリセットしなければならないかもしれないということも常に頭をよぎっていた。

状況を変化させないと立ち行かなくなるのは目に見えていたので、事業と人員の整理と僕自身の現場復帰を決めた。まだ5カ月目の鳥獣gigaは閉店し、その当時鳥獣gigaとパクチーハウス東京の責任者をそれぞれしてもらっていた2人には会社都合で退職してもらうことにした。アルバイトも可能な限りシフトを削り、僕は毎日店に張り付いた。

年末のロングミーティングに参加したのは、いわゆる「社員」スタッフで、僕を除いて5人だった。うち1人は独立を決めていたため、ロングミーティングを最後に予定通り退職した。前述のことを決め、2人が退職、2人が残ることになる。僕は各自に自分の決断を伝えた。残る2人のうち1人は、入社当時から2年程度働いて、旅して自分の店を持ちたいと言っていた。僕はもう少しいてサポートしてほしいと思っていたが、最初に決めた通りの日程でということで半年後に退職することが確定した。もう1人も「もう大丈夫ね」と3カ月後に離れる希望を伝えてきた。彼女は退職して1年後に戻り、パクチーハウスの最後の5年間店長をしてくれたのだが、ロングミーティングから半年後には、社員スタッフが全員いなくなることが確定した。

心の動揺は甚だしかったが、日々を進めていくことしかできない。鳥獣gigaの物件解約に不動産屋へ行くと、「契約書通り半年後まで家賃を払う」ことだけを求められて絶望した。営業は2月中旬に完全ストップした。

「右肩上がり」「成長」という20世紀までの幻想

毎年報告を兼ねて株主懇談会を開いた。業績と状況の報告をして、意見を求める。紆余曲折はあったが、会社はずっと右肩上がりで売上を伸ばした。4期目に鳥獣gigaとPAX Coworkingの2つの新事業をいっぺんに始め、一つは大失敗、もう一つも芽が出るまでに時間がかかったので大損失を出したが、会社が提供するサービスの利用者は伸び続けた。

株主懇談会では「右肩上がり」の「成長」を評価する声が毎回多かった。そこは設立時から目的ではないはずなのだが、僕も会社がそうやって伸びていくことが唯一絶対の価値だと信じていた。また、なんとなくどこかで読んだビジネス本が影響しているのだろうと思うが、50

0年続く会社、つまり自分が死んでもいつまでも続く組織を作るべきだと設立当初は思っていた。

震災や周囲の環境の変化を経験し、それは必ずしも正しくないと思うようになった。老害がイノベーションを妨げている例は枚挙にいとまがないし、これからの資源が限られた時代には組織よりも地球（または宇宙）全体を鑑みて、それに益する短期のプロジェクトが主流になると思うようにもなったからだ。自分の作った組織とか、自分の手柄を残すというよりは、面白く有益なアイデアを実行し、それをオープンソース化して誰でも使えるようにすることがより重要だと今では信じている。

パクチーハウス東京とPAX Coworkingという収益性の高い「店舗」を消滅させようと考えたのは、「右肩上がり」「成長」という20世紀までの幻想を断ち切る時代に自分たちがいると思うからだ。

コラム　絶版新書

コワーキングとはなにか？

（『つながりの仕事術』（洋泉社刊）より）

Ⅰ　コワーキングの歴史

コワーキングとはなにか？

コワーキングとは、異なる職業や仕事を持った人が集まって仕事場を共有することであり、コミュニケーションを積極的に取ることで知恵と情報をシェアし、高め合っていこうという発想のワークスタイルです。

このワークスタイルは、２００６年にアメリカで始まったと言われています。「新しい働き方」と表現する人も多いのですが、同じようなことをしていた人がそれまで存在しなかったのではなく、こうしたワークスタイルに「コワーキング」という名前が定着することによって起こった、世界的な「新しいムーブメント」と言ったほうが正しいと思います。

コワーキングは英語で「coworking」と表記します。〝ｃｏ〟は「一緒に、ともに」を意味する接頭語。「working」は「仕事すること」ですから、「coworking」は字義通りに訳せば、

「一緒に仕事をすること」という意味になります。

一緒に仕事してみたら、「面白かった」「刺激的だった」「仕事がはかどった」。

フリーランスとしてひとりで仕事をする際に生じる問題点、たとえば孤独を感じてしまったり、仕事の方向が軌道修正しづらいといった悩みが、全然別の仕事をしている人と空間を共有することで、一気に解決してしまった。

単に場所を共有するだけでなく、仕事の疲れを癒すための雑談などから始まったコミュニケーションが、新たな発想やアイデアを生んだ。

そんな体験が積み重なり、概念として成就したのがコワーキングです。一緒に（ｃｏ）働くことを通じて生まれたコミュニケーション（communication）、会話から生まれた新しいビジネスなどのコラボレーション（collaboration）、そして人と人とが会話をすることで発見されるコインシデンス（coincidence=偶然の一致）など、さまざまな〝ｃｏ〟を概念の中に取り込んできています。

コワーキングの原点「Ｊｅｌｌｙ」

コワーキングが行われている場所を総称して「コワーキングスペース」と呼びます。これに近い形の場所は、ずいぶん前から存在していました。ニューヨークのコワーキングスペース「ニュー・ワーク・シティ」共同創設者のトニー・バッチガルーポさんらが２００９年に書いた『I'm Outta Here !』という、コワーキングスペースの考え方を紹介した本によれば、20世紀初頭のパリで芸術家たちが集ったアトリエ「ラ・リューシュ」や、1978年にニューヨークで設立された文筆家のためのスペース「ライターズ・ルーム」などがそれにあたるようです。それ以外にも、複数の人間が仕事場を共有する例は、有史以来さまざまな場所で見られていたに違いありません。

コワーキングスペースが誕生する原点となった出来事は、2006年のアメリカ、ニューヨークで起こりました。

オフィスでなく自分の家で働くことがお気に入りだった起業家のアミット・グプタさんとルーク・クロフォードさんは、一方で従来のオフィスにあった自然な情報共有や仲間意識が恋しくなりました。そこで、ふたりは友人たちに声をかけ「うちに集まって、みんなで（別々の）仕事をしようぜ！」と呼びかけたのです。

この試みが始まってからすぐに、参加した人々はその価値に気付きました。面白い発想を持った人に意見を聞けば自分の殻を容易に破るようなアドバイスが得られたし、初めて会った人とは話すだけでも新しい刺激をもらえました。それまではひとりで抱え込んでしまった小さな悩みや問題が、すぐそこにいる「仲間」の存在によってすぐに解決するようにもなりました。しかも、何度か同じ趣旨の集まりを催していくにつれ、方向性の合う人同士が集まって、新たなビジネス展開が生まれたのです。

こういった集まりは「Ｊｅｌｌｙ」（ジェリー）と呼ばれるようになりました。命名の由来は、豆型をしたカラフルな砂糖菓子「ジェリー・ビーンズ」から来ています。このジェリー・ビーンズのように、色（職種）の違う人たちが集まることで、素晴らしい味の商品（空間）が生まれているということから名付けられました。

コワーキングスペースの誕生と普及

２００６年11月に、ようやく現存するスペースとしては世界初とされるコワーキングスペース「シチズン・スペース」がアメリカのサンフランシスコに誕生しました。４人の核となるメンバーと数人の入居者候補がいる状態でのスタートでしたが、スペースを持つことで多くの人が出入りするようになること、つまり一時利用者を受け入れることの価値と期待感が、シチズン・スペースの創設者のひとりであるタラ・ハントさんの当時のブログに記録されています。

その後、コワーキングのコンセプトはアメリカ国内の大都市で徐々に広がり、やがてヨーロッパに飛び火していきました。ヨーロッパでコワーキングスペースが目に見えて増え始めたのは２０１０年。同年、日本でも最初のコワーキングスペース「カフーツ」が神戸、次いで時を同じくして「パックス・コワーキング」が東京に誕生し、アジアでもＪｅｌｌｙやコワーキングの動きが広まってきました。

世界中でコワーキングが広まるにあたって重要な役割を果たしたのが「グーグル・グルー

プ」内の「コワーキング」というメーリングリストです（http://groups.google.com/group/coworking)。

ここでは、世界中のコワーキングスペースの運営（希望）者や利用（希望）者らが英語で活発に情報交換を行っています。メーリングリストでやりとりされている内容は、自分たちが住む町にコワーキングスペースがあるかどうかについての質問や、新しいコワーキングスペースのオープンのお知らせ、コワーキングスペースのコンセプトやそこで起こった出来事についての報告、コミュニティの作り方など多岐にわたります。あるスペースで生まれた良いアイデアのレポートを参考にほかのスペースで応用してみたり、利用者の希望をスペースの運営者が叶えたりと、よりよきコミュニティづくりに貢献しています。

私がコワーキングスペースを作ろうと思い立った2010年の前半に、このメーリングリストに流れてくる多くのメールからコワーキングというムーブメントの興隆を目の当たりにしました。まだ日本には存在しなかった「コワーキングによるコミュニティの構築」に期待を込め、実現したいという思いは、世界中にいるまだ会ったこともない同志たちのおかげで、どんどん大きくなっていきました。

そして、自分の会社のひとつの柱としてコワーキング事業を立ち上げようと決断したとき、ドキドキしながらこのメーリングリストに投稿したことを思い出します。「東京に行ったら寄るよ」「グッドラック！」などのちょっとしたコメントを寄せてくれた人がいて、心躍りました。その後も質問や報告をすると必ず答えてくれる〝仲間〟がいて、このメーリングリストは、コワーキングという概念の認知度が周囲でなかなか上がらないことに悩んでいた私の精神安定剤ともなっていました。このツールによって「世界とゆるく、しかし着実につながっている」環境が構築されていたことが、世界中でコワーキングのパイオニアを勇気づけたことに疑いはないでしょう。

コワーキングスペースは大資本経営や多店舗展開しているところは少なく、それぞれのオーナーが独立した運営を行っています。その一方で、このメーリングリスト（現在は世界全体と地域ごとのフェイスブックグループに一部が置き換わっています）のようなウェブサービスにより、コワーキングスペース間で発想や知恵を分かち合っています。そこで生まれた面白いアイデアは、どんどん実行に移すという機運もあります。

２００６年の誕生からまだ6年の歴史しかありませんが、コワーキングスペースは毎年ほぼ2倍ずつの成長を遂げて、現在に至っていると言われています。コワーキングに関するニュースを配信するデスクマグ（ドイツ）の集計によれば、２０１２年3月1日現在、世界には１３００以上ものコワーキングスペースが存在しています。

日本におけるワークスタイルの変遷

それでは次に、日本でコワーキングの概念が急速に注目を集めている背景について、これまでのワークスタイルの変遷を追いながら見ていきましょう。

１９６０年代を中心とする高度経済成長期のころ、日本では大企業が大型高層ビルを建て、大勢の人数が一カ所で集中的に仕事するスタイルが一般化しました。同じ場所にいることで仕事効率を上げるという考え方は73年のオイルショックでさらに進み、働く人の快適さより、省エネと光熱費の低減に関心が向かっていきました。

90年代に入るとようやく、情報通信の発達により効率的に社員を分散させるという発想が出てきて、「サテライトオフィス」、「ホームオフィス」、「リゾートオフィス」などといった、「テレワーク」という考え方が登場しました。

インターネットの普及・発達により、場所を選ばない働き方は、企業よりも個人へと浸透していきます。パソコンひとつで仕事ができるようになると、企業がオフィスを分散させるだけでなく、個人で仕事を受け、自宅や個人事務所などで仕事をする人が増えてきました。

企業によっては、情報漏洩などのセキュリティへの懸念や、従業員を監視できないことによる労務管理への不安などから、オフィス以外での仕事を促進できないままのところも多くあります。それでも、長く続いている不景気で業務をアウトソーシングする機会は増え、個人や小規模な会社が仕事を取りやすい環境が整ってきました。

このように独立した個人や小規模事業者が増えると、コスト削減などの理由から、共同で事業所を構える人も出てきました。２０００年代以降は〝ＳＯＨＯ〟という言葉が広まるとともに、空きオフィスの有効活用策として「レンタルオフィス」や「シェアオフィス」が急増。立地の良さや賃料の安さで選ばれるようになり、オフィスの淘汰が始まりました。

これらの集合オフィスは「異なる業種の会社が集まるのでコラボレーションが起こりやすい」などのキャッチコピーで入居者を集めましたが、残念ながら実際にコラボレーションを機能的に起こしたオフィスはほとんどありませんでしたし、お互いのコミュニケーションすら存在しないところも多いように思います。

それ以前に、オフィス空間にたまたま居合わせた人同士がコミュニケーションを図ることの価値もあまり理解されていなかったこともあり、コワーキング的な関係はほとんど築かれず、単に同じ場所に複数の個人事業者らが入居しているだけという、都会のマンションのようなスタイルができあがりました。

ノマドワーキングの登場

ここ2~3年は、インターネットがさらに浸透し、カフェやレストランなどの公共施設で無料のＷｉ‐Ｆｉが利用できる場所が増えると、特定のスポットだけでなく、いろいろなところで仕事をする人が増えてきました。仕事先や取引相手のお客さんを訪れる前後に、そのオフィス周辺のカフェで仕事をしたり、本来はＷｉ‐Ｆｉが存在しない公園などの場所でもモバイル通信機器を使って仕事したりというように、自由に好きな場所で仕事ができるようになりました。

２００９年に発売された新書『仕事するのにオフィスはいらない』の著者であり、作家・ジャーナリストの佐々木俊尚さんが、こうした働き方をする人たちを遊牧民になぞらえて「ノマド」と名付けたことで、この呼び名は定着しました。

ただ、「どこでも仕事ができる」という自由さの反面、ノマドのスタイルにはさまざまなデメリットもありました。

まずはノートパソコンの利用に必要な電源が確保しにくいことが挙げられます。内蔵バッテリーの稼働時間は以前に比べて長くはなりましたが、大事なときにバッテリーが切れてしまえば仕事にならなくなります。

また、カフェやレストランでは、混雑時に本来の目的（飲食）と異なることをして居続けるのは非常に心苦しい状態になることがあります。追加注文や退席を求められることもあるでしょう。「今日もブレンドコーヒーでよろしいですか」という、顔を覚えてくれた店員の気の利いた一言が、ノマドワーカーにとっては「また来たんですか」という意味に聞こえてしまうという話もあります。

しかも、多くの個人情報を保持しているパソコンやスマートフォンを、不特定多数の人が出入りするカフェや公園などの場所に置きっぱなしにしてしまうことは、セキュリティ的にも危険です。つまり、荷物を置いたまま気軽にトイレに行くこともできず、いざというときは仕事の道具をすべて鞄にしまって携行する必要があります。元の席に戻ろうとしたときには誰かが座っていたり、飲みかけのドリンクが下げられてしまっているかもしれません。

さらには、ひとりでノマドワーキングをしていると、1日の仕事時間の中で誰とも話すこともなく〝孤独〟を強く感じることもあるでしょう。

Ⅱ　コワーキングのメリット

シェアオフィスやノマドのデメリットをあえて挙げてきましたが、コワーキングというワークスタイルは、こうした諸問題を解決するのはもちろん、フリーランスのみならず企業に勤めるビジネスマンにもメリットがあります。以下に、ほかのワークスタイルと比較した際のコワーキング、コワーキングスペースで働くことのメリットを、いろいろと挙げてみましょう。

Ｗｉ－Ｆｉと電源がある

まず、コワーキングスペースには実際に仕事をする上で大切なもの、自由に使えるＷｉ－Ｆｉと電源があります。最近でこそ、都心にはフリーＷｉ－Ｆｉスポットや電源が使えるカフェなども増えてきましたが、帯域や接続数が限られていたりして、常に快適とは言い難い状況にあります。その点は、コワーキングスペースに飛び込めば安心。仕事をするのに最低限必要な条件は確実に揃います。

利用料金が安い

コワーキングスペースは、利用料金が比較的安価なところが多いです。詳しくは後述しますが、ドロップインと呼ばれる1日だけの利用で1000円程度。不動産の有効利用を主眼としたこれまでのシェアオフィスと比べると、圧倒的にリーズナブルです。ほとんどのコワーキングスペースは、門構えや受付を立派にして「どうだ！　まいったか」というタイプではなく、質素で落ち着いた雰囲気になっています。スペースオーナーやインターン、場合によってはコアメンバーが受付機能を担っており、管理にかかる人件費をかけていないところが多いことも、利用者の負担を下げる要因となっています。

セキュリティへの不安が少ない

コワーキングスペースは「信頼のコミュニティ」を維持することで、居心地のよさを保つことができます。すでにそのスペースに通い詰めている人にとっては、周りの人は「いつもの隣人」ですし、初めて訪れた人も、近くのコワーカーと挨拶や名刺交換をすることが当たり前のことになっているので、〝知らない人〟がウロウロしている状況がないからです。買物や銀行へ行くためにちょっと外出する必要があれば、「行ってきます」の一言で、荷物を置いていっても基本的には問題ありません。

自分の居場所ができる

「自分がいてもいい場所」「存在を必要とされる場所」を確保することは、じつはものすごく重要なことです。

私は以前、喫茶店やファストフード店でよく仕事をしていましたが、いつも場所選びには苦労していました。お気に入りの店のお気に入りの席はありましたが、いつも空いているとは限りません。また、できるだけ混雑しそうな時間帯を避けてはいましたが、同じ店に数時間も滞在するのにはやはり肩身の狭い思いをしていました。

それに対し、コワーキングスペースは最初から仕事の場所として設計されているため、そうした窮屈さを感じる必要はありません。

コワーキングスペースには、基本的に自分だけの占有スペースはありませんが、ひとりの部屋に比べればはるかに広い空間の中から、その日の気分で座る場所を選び、集中力が途切れたらソファーで雑誌を読んだり、近くにいるコワーカーと話したりすることができます。まさに自分の居場所という感覚です。

仲間や多くの知り合いができる

コワーキングスペースにはさまざまなスタイルで働く人がいます。毎日のように来る人もいれば、気が向いたときにだけ利用する人もいます。私の運営するコワーキングスペースにも、月額会費を支払うマンスリーメンバーと、1回の訪問ごとに料金を支払うドロップインの利用者がいます。ほとんどのコワーキングスペースがこのどちらか、または両方を利用者向けのプランとして用意しています。

コワーカー同士は笑顔で挨拶して1日が始まり、帰るときには「おつかれさま！」と声をかけ合います。企業のオフィスではごくごく当たり前の風景でしょうが、フリーランス期間が長い人たちにとっては、この〝挨拶〟がものすごく嬉しいそうです。

また、ランチタイムになると誘い合って食事をすることも多くあります。仕事中の雑談からは、関連のありそうな人たちの間でコラボレーションの種が見つかることが多いですが、ランチタイムには意外な人たちと、その発想がつながることがあります。

仕事を終えたら「ちょっと一杯」も大切です。帰宅前に声をかけ合ったり、新しいメンバーを歓迎したり、打ち合わせに行き詰まったときに〝飲ミーティング〟で打開したり……。ほかのコワーカーに人を紹介する際も、「飲み会」は常套手段です。

「挨拶」「ランチ」「飲み会」は、コワーキングスペースの3大重要要素と言えるかもしれません。どんなコミュニティの成長にも必須のことですね。

1回単位で気軽に利用できる「ドロップイン」の仕組みも、コワーキングの価値を高める一因になっています。「ドロップイン」利用者からすると、面倒な手続きや初期費用なくワークスペースを利用できるので気軽に立ち寄ることができます。いつものメンバーも、日常的にオフィスに通うだけで次々に知り合いを増やしていくことができます。

メンバーがコワーキングスペースの一角を、各自の仕事の打ち合わせに使うこともよく見られる光景です。打ち合わせに来たゲストは、周囲の人から次々に挨拶されるので驚くかもしれません。打ち合わせが終われば、付近の席で仕事をするコワーカーにゲストを紹介することもしばしば。10人のメンバーに10人ずつの関係者がいれば、100人とつながる可能性があります。この可能性が目の前で現実化するのがコワーキングスペースの特徴です。場所だけでなく、自分の知人や仕事仲間も共有し、世界が広がっていくのです。

作業に集中できる

前項の通り、コワーキングスペースにはたくさんの人が出入りします。また、コミュニケーションのあるオフィスということで、仕事の合間に会話をするのが普通です。名刺交換をしたり話したりする機会も多いため、「刺激的な場所だが、仕事に集中できないのでは？」と疑問を持たれることも少なくありません。

なにを隠そう、私自身もコワーキングスペースを開いたばかりのころ、「本当にこの環境で仕事できるのか」と思ったことを告白します。楽しくて刺激的な反面、集中することが難しいのではないか。もしそうだとすると、オフィススペースの価値は高まるのだろうかと危惧しました。

結論から言うと、それは杞憂でした。コワーキングスペースにはお互いを尊重する文化があり、忙しそうな人や集中している人には話しかけないという暗黙のルールが自然にできていきました。

コワーキングスペースに所属する人のほとんどは、フリーランスや小規模法人の責任者で、それぞれが自らの仕事をきちんとこなすことの重要性を認識しているからかもしれません。「空気」に敏感な人が多い気がします。それぞれがまったく別の仕事をしつつも、「挨拶」「ランチ」「飲み会」などでお互いの状況を把握していることも、この関係性が成立する要因でしょう。実際、この原稿も多くの人が出入りするコワーキングスペースで書いています。

大企業に所属するビジネスマンの方からも「コワーキングスペースは集中できる」と言われたことがありました。これはコクヨなどの日本を代表する企業とパックス・コワーキングとで「分散クリエイティブワークプロジェクト」という、ワークスタイルの実験をしたときのことでした。企業人らが毎日何人かコワーキングスペースを訪れ、ある人が「すごく仕事しやすい環境ですね」とつぶやきました。

その理由を聞いてみると、適度な雑音が快適だということでした。周囲で会話があるのは、会社でもコワーキングスペースでも同じです。しかし、会社では周囲の雑談が自分に関係する可能性が高いので（進行中のプロジェクトや人事など……）、会話の内容が気になってしょうがないということでした。また、オフィスから出ると「本当はやらなくてもいい仕事」をせずに済むというメリットもあるかもしれません。

仕事の意味が変わる

コワーキングスペースはオフィスの一形態であり、仕事をするための場所であることは間違いないのですが、そこにあるコミュニティの存在により、仕事の意味が大きく変わることがあります。

たとえば、ひとりで黙々と行っていた作業を、コミュニティの一員としてにぎやかにやることで、ほかのメンバーからのアイデアで仕事の内容をブラッシュアップされたり、逆に自分が人の仕事に影響を与えることもあるでしょう。

また、好奇心の強い人が多いので、ちょっとしたアイデアの芽を育てようという意欲が生まれます。ほかのコワーカーとの間で生まれたアイデアを世の中に提示することに、躍起になっていく姿勢が見られます。単に与えられた仕事をこなすというより、自分たちが生きている社会の中で、自分たちの力で変化を起こそうという意識を持つようになる人が多いのです。

知識と技術の共有ができる

コワーキングスペースには、さまざまなバックグラウンドを持った人が出入りしています。業種や年齢層もさまざまで、専門や得意分野もまったく異なります。自分にはない能力や情報を持った人との出会いは、自らのビジネスを飛躍的に発展させるきっかけとなるかもしれません。また、コワーカーという利害関係のあまりない同僚は、率直な意見を聞くのにふさわしい相手になりやすいと言えるでしょう。

ほかにも、仕事には登記や会計の仕方など、本業とは直接関係ない雑務も手続きとしては必要で、かつ、よくわからないがゆえにどうしても時間がかかってしまうことが結構あります。こうした知識や情報を、周りのコワーカーと共有して教えあうことにより、作業時間を飛躍的に減らすこともできます。

仕事のパートナーができる

ひとりではこなせないプロジェクトをパートナーと組んで遂行できることも、コワーキングならではのメリットです。

起業家の中には、自分のオリジナリティに自信を持っている人も少なくありません。しかし、その独創性を世の中に受け入れられる形にしていく過程で、いろいろな人の目に触れさせてからリリースするのと、完全非公開の状態から突如として公開するのとを比べると、前者が圧倒的にリスクを軽減すると思います。

壁にポスターを貼るという簡単な作業を思い浮かべてください。ひとりで作業をすると、いったん貼ってから数歩下がって確認し、ずれていれば直して確認と、何度も手間がかかるかもしれません。この確認作業を近くにいる仲間に頼んだらどうでしょう。「右を少し下げて……あ、今度は左がちょっと高い。オッケー、ストップ」などというやりとりで、あっという間に貼り終えることができます。ポスターのデザインには独創性を発揮できるかもしれませんが、それを配ったり、貼ったりすることに仲間の協力を得られると、仕事は速く片付くのではないでしょうか。

一緒に仕事ができる仲間を探すときに、履歴書的なものを手掛かりにすることは非常に難しいことだと思います。資格や経歴などある程度数値化された情報を得ることはできますが、実際の仕事でどのようにスキルを生かしてきたか、生かせるかを言葉の上だけで判断するのはリスクも伴います。

一方で、同じ空間で仕事をすることによってスキルだけでなく、性格やその人との相性も知っている場合、仕事のパートナーにしたいかそうでないかの判断は容易になるでしょう。「一緒にいること」は人を知るためにかなり有効な手段です。コワーキングスペースに通ううちに、自分に必要な要素が見え、かつ、それを補えるパートナーが見つかるとしたら素敵なことだと思いませんか。

Ⅲ　コワーキングスペースの利用方法

すでに見てきたように、コワーキングスペースは用途に応じていろいろな使い方をすることができます。大きく分けると、そのオフィスに属する「メンバーシップ」と、1回の訪問ごとに利用する「ドロップイン」の2つがあります。また、各種イベントへの参加を積極的に促すスペースもあります。

以下、私が東京・経堂で運営している「パックス・コワーキング」（PAX Coworking）を例にとって利用方法を解説します。コワーキングスペースによってはメンバーシップのみ、または、ドロップインのみで運営しているところもあります。

メンバーシップ

コワーキングスペースを日常のオフィスとして利用する人のためのプランです。パックス・コワーキングでは、毎日自らのオフィスとして利用する人のために「フルタイム・コワーカー」というプランを用意しています。このプランを利用しているメンバーは、仕事時間のほとんどをコワーキングスペースで過ごします。コワーキングスペースをベースにお客さんの元へ赴き、コワーキングスペースで打ち合わせをします。

また、パックス・コワーキングではセカンドオフィスとして利用する人のために「パートタイム・コワーカー」（週2回程度利用する人のためのプラン）と「ノマド・コワーカー」（週1回程度利用する人のためのプラン）を用意しています。これらのプランを利用する人は、自宅やカフェ、そのほかのコワーキングスペースなどを日常的な職場として利用しつつ、人脈作りや仕事に関する相談をしたり、他人から人的刺激をうけるために不定期にコワーキングスペースに通う人が多いです。

ドロップイン

ドロップイン（Drop in）とは英語で「ふらりと立ち寄る」というような意味です。コワーキングスペースのメンバーとなるわけではなく、1回だけ体験利用することを指します。多くのコワーキングスペースは、このドロップインを取り入れることで初めての人が気軽に利用できるようにし、また、コワーキングスペースに日常的に集う人がより多くの情報や刺激を受け取れるよう、ドロップインユーザーを積極的に受け入れています。

ドロップインの利用料はリーズナブルなところが多いです。この原稿の執筆時点では1日で1000円という設定をしているスペースが最も多く、まずはコワーキングを試したい人への敷居をできるだけ低くしようという気持ちが表れているのだと思います。

どこかのコワーキングスペースにメンバーとして所属したいと思っている人も、このドロップインを利用して各スペースの雰囲気を見たり、所属するメンバーとの相性を判断することができるので、自分に合わないところにお金を払い続けるリスクはほとんどないでしょう。これはコワーキングスペースが不動産業よりもコミュニティビジネスに近いことの表れです。あるスペースに合わない人がいることは、ほかのメンバーにとってもプラスにはなりませんので。

イベントへの参加

コワーキングスペースではオフィスの一部（または全部）を使ってセミナーや読書会などのイベントが開かれることがあります。パックス・コワーキングでもこれまで、メンバーの提案でビジネス書の読書会を行ったり、飲食店を開きたい人のための自主セミナー「カフェ俺」、市民学校「ＰＡＲＣ自由学校」の受講生の方々が来訪されての社会的起業セミナーの講座など、さまざまなイベントを行ってきました。

イベントごとにテーマを設けることにより、利用メンバーにとっては新たな教養や仕事に必要なスキル・情報を得ることができるのはもちろんのこと、初めての方々がコワーキングスペースという空間を知るきっかけにもなっています。コワーキングスペースは開かれた空間ですから、いろいろな人が出入りすることで価値が高まります。コワーキングスペースの認知度を高めるためにも、イベントの開催は有効な手段だと考えられています。

Ⅳ　私のコワーキングスペース運営記

ここで私自身のコワーキングとの関わりについて書いておきましょう。

そもそも「パーティするように仕事する」コワーキングスペースを作ろうと思い立ったのは、私が東京・経堂で「交流する飲食店」をテーマに2007年から運営しているパクチー料理専門店「パクチーハウス東京」で、お客さんが生み出してくれたさまざまなつながりを見てきて、それを更に発展させたいと考えたからです。

人と人とのつながりが、一時的な楽しさや友情を生むだけでなく、ビジネスや社会を変える原動力を生んでいることを目の当たりにしていました。多くの人が1日のうちで最も長く費やすのは、仕事の時間です。その時間をもし「パーティ化」することができれば、仕事がつまらないと言う人は減り、どよーんと暗く落ち込んでしまった日本の社会を明るく楽しくできるのではないかと考えました。

少し話がそれますが、私は学生時代に世界中を旅してきました。旅をして多くの人と出会い、世代や国籍、立場を超えて、皆が対等に存在している空間で飲み語った居心地のよさとそこにいる人の笑顔が、心に刻まれています。この〝非日常的な体験〟を旅先から持ち帰り、日常的なものにしたいとずっと思ってきました。

私が会社を立ち上げて最初に始めた事業であるパクチーハウス東京は、世界初のパクチー料理専門店であると同時に「旅先での出会い」を日常の中に作り出すことを目的としており、旅人が泊まるゲストハウスのような雰囲気を目指しています。食事をする空間の中で、見知らぬお客さん同士が気軽に話をしてほしいと考え、相席を推奨し、樽を囲んだ立ち飲みスペースを用意して、月に数回は誰でも参加できる立食パーティ形式の営業スタイルを敢行しています。

すると私が意図した通り、隣席のお客さんとの会話を楽しんでくれたり、相席同士だったお客さんが揃って再来店してくれたりと、この店で出会って仲良くなった人はかなりの数に上ります。そしてあるとき、「ここで会った人と一緒に仕事を始めた」という話を聞きました。しかも、そうした話は1回限りでなく、何度も聞いたのです。

私自身、同じ立場の人たちと話がしたいと思い「異業種交流会」と言われるものにも繰り返し参加してきました。ところが、所有する名刺の数は増えても、一緒に仕事をすることはまずないし、それどころかその後の付き合いが続く例も極めて稀でした。

ではなぜ、パクチーハウス東京のお客さんは一緒に仕事を始めたのだろうかと考えました。仕事仲間を見つけるためにパクチー料理を食べに来る人はまずいません。異業種交流やビジネスマッチングをウリにしているわけではもちろんありません。ただ単純に、同じ日に同じ場所に居合わせた人たちが話をしやすいように仕掛けを作っているだけです。

何気なく一緒にいることが人をつなげる！

人は初対面の相手とは、共通点や共通の話題を見つけようとします。また、個室ではなくオープンなスペースで会話をしていると、ネガティブな話題について話すことが減ります。そして、食事をしながら時間と空間を共有することで、相手のクセやキャラクターなど、言語化された情報ではわからないこと（オンラインのつながりでは発見しにくいこと）もよくわかります。

もしかすると「何気なく一緒にいること」が、人の長所を引き出し、人と人とをつなげやすくするのかもしれないと考えました。そこで、1日2時間ほどの食事に費やす時間よりも、その4~5倍の時間を費やす日々の仕事の時間を、この発想で変化させれば面白いことが起こるのではないかと思いました。

一方で、私自身の仕事の体験を振り返ってみると、いいアイデアは会社の自分の席に座っているときよりも、友人と話しているとき、歩いているとき、カフェにいるときに思いつくものです。オフィスや図書館のような静かな空間より、多少の雑音があり、一見無関係そうなヒト、モノ、コトに囲まれているときに湧いてきます。

自分なりの理想的なオフィスを、パクチーハウス東京のような空間をモデルにして実現できるのではないか？　と夢想を始めました。しかし、オフィスを作ろうと思い立ってから1年弱は「そんな楽しいオフィスが存在しうるのか？」と、自分でもイメージしきれていませんでした。

空間づくりの直接的なヒントになったのは、京都に本社のある某ＩＴ企業の東京オフィスです。たまたま打ち合わせで訪れる機会があり、入った瞬間に快適さと湧き上がるエネルギーを感じました。そこは個々の机が並ぶのではなく、中央に大きなテーブルが置かれていて、好きな座席で仕事するスタイルでした。代表の方に聞いてみると「どうでした？　ここはすごく気に入って打ち合わせが終わっても帰らない人と、居心地悪そうにしてすぐに帰っちゃう人がいるんですよ」とおっしゃっていました。その話を聞いて、自分が作るオフィスの構想が一気に出来上がりました。

コワーキングとの出会い

間仕切りのない、オープンな空間。飲食店でそういう空間を運営していた私は、それによって起こるプラスの効果を容易に思い浮かべることができました。そして、そのオフィスを訪れた数日後に、ロンドンを旅行していた友人のブログで1枚の写真を見た瞬間、そういう空間がすでにこの世に存在することを知りました。

その写真には、仕事や打ち合わせをしている人ばかりが写っているのに、ものすごく楽しそうなのです。そのブログを読むと「コワーキングスペース」と呼ばれる空間が、世界にいくつか存在するという趣旨のことが書かれていました。

これが私の「コワーキング」という単語との出会いでした。すぐに「coworking」で検索すると、それが含む概念が、私がイメージしていたオフィス像にかなり近いことがわかりました。漠然と、楽しいオフィスを作りたいと思っていた私は、コワーキングという概念に取りつかれ、一刻も早くこのスタイルのオフィスを開こうと決意しました。すぐに不動産屋に連絡をし、たまたまそのとき空いていたパクチーハウス東京のひとつ上の階を借りたいと告げました。手続きと準備に要した2カ月の間に、神戸に日本で初めてコワーキングを冠したオフィス「カフーツ」がオープンしました。また、日本で初めてコワーキングについて情報発信を始めた起業家の松田顕さんともこの時期に出会いました。コンセプトや欧米での事情について情報交換できる同志の存在は、とても心強いものでした。

東京初のコワーキングスペース立ち上げへ

こうして2010年夏にコワーキングスペース「パックス・コワーキング」の運営を開始してから約1年半の間に、コワーキングという言葉が広く浸透してきました。ここではパックス・コワーキングの軌跡を振り返りつつ、ここ1~2年の日本でのコワーキングをめぐる現状について触れてみます。

２０１０年7月1日にパックス・コワーキングを仮オープン。正式オープンは8月1日としました。新しいオフィスの形態を広めることに期待しつつ、どうなるかまったく先の読めない不安なままの船出でしたが、とりあえずコワーキングの知名度を上げるための下地として、その面白さをひとりでも多くの人に体験してほしいと思い、8月28日に日本で初めてのＪｅｌｌｙを開催しました。

やってみると、私が頭に思い描いていた通りの空間が目の前に表れ、本当に楽しいと思いました。月に1~2回は開催することを決め、回を重ねる度に想像を超えるほど盛り上がりました。レギュラーのメンバーがなかなか増えない悩みはありましたが、Ｊｅｌｌｙの可能性は確信へと変わりました。

２０１０年末に開催されたＪｅｌｌｙは、やがて東京で2番目にコワーキングスペース「下北沢オープンソースｃａｆｅ」（２０１１年3月開設）を運営することになる河村奨《つとむ》さんがコワーキングを知るきっかけにもなりました。

このように、Ｊｅｌｌｙを開けば人が集まってはきたものの、月1~2回の楽しい時間のために、事務所の家賃を払い続けることはできません。「コワーキングスペースは日本ではもしかして根付かないかもしれない」という不安もなかったわけではありません。もしそうだとしても、私は自分が作る仕事場が単体でも面白く特殊な場所になるように運営していきたいと考えました。

コワーキングの浸透を目指して

私があえてコワーキングとかＪｅｌｌｙといったキーワードを日本語風に訳さずにそのまま使おうと決めたのは、このコワーキングスペースを世界と瞬時につながることができるようにしておきたいと思ったからです。

２０１１年は目標として、世界のコワーキングスペースに認知され、これから増えるであろうアジアのコワーキングスペースをリードする存在になろうと考えました。

年初、友人の結婚式がベトナムで行われた機会を利用し、サイゴンでコワーキングスペースを立ち上げたいと希望する会社を訪問しアドバイスしたり、その帰りに台湾を訪問し、台北でＪｅｌｌｙを根付かせたいと考えているグループに運営のコツを話しました。大げさなのは承知で「アジアのコワーキングスペースに次々アドバイスしていきます！」と世界のコワーカーたちに宣言もしました。すると「いいね！」のメッセージをたくさんもらい、コワーキングに関わる知り合いが一気に増えました。

その直後に開かれた「ヨーロピアンＪｅｌｌｙウィーク」（１週間のあいだ、ヨーロッパ中のコワーキングスペースでＪｅｌｌｙをたくさん開催し、情報共有と認知度の向上を目指そうという運動）には欧州以外で唯一名乗りを上げました。かなり強引な展開ですが、この動きがあったからこそ、翌年それはヨーロッパだけでなく世界中を対象とした「ワールドワイドＪｅ llyウィーク」に発展し、私がアジアで最初のアンバサダー（大使）に指名されることになりました。

やがてJellyに出入りするコワーカーたちが、Jellyやその後の飲み会の様子の写真をどんどん写真共有サービスなどにアップロードしてくれて、それを紹介すると世界の誰かが反応してくれるようにもなりました。

7月には、この本の共著者である藤木穣さんが勤めていた会社を辞めて独立し、メンバーになってくれたことがパックス・コワーキングのターニングポイントにもなりました。このころには事務所などの一部を開放する形でコワーキングスペースが日本でもいくつか開設され始めていましたが、まだメンバーシップ制をとる普段使いの「自分のオフィス」と呼べるところはパックス・コワーキング以外に東京に存在していなかったため、オーナーとしてはここが踏ん張りどころだとも思いました。

8月3日に、ニューヨークの有名コワーキングスペース「ニュー・ワーク・シティ」共同創設者であり、コワーキングを世界中に推進している立役者でもある起業家のトニー・バッチガルーポさんが来日し、「New Yorkのコワーキング・スペース『New Work City』創業者と語る新しい働き方の可能性」と題されたイベントが開催され、ここで私もプレゼンの機会を得ました。このイベントによってコワーキングという言葉を初めて認知した人も多かったようです。

9月にはフランスで毎年開催されるメドックマラソン（給水所でワインが飲める世界的に有名なフルマラソン大会）出場のため欧州を訪問し、フランスとスペインでいくつかのコワーキングスペースへ足を運び、交流を深めました。

11月～12月の年末は、東京都内にコワーキングスペースを名乗るオフィスがかなりの数誕生し、急激に拡大してゆくさまに感銘すら受けました。

翌2012年を迎え、私がアジアのアンバサダーに任命された「ワールドワイドJelly ウィーク」への参加を呼びかけると、日本国内でもたくさんのスペースがこの動きに呼応してくれました。世界中のコワーキングスペース運営者やほかのアンバサダーへのオンライン・インタビューなどで交流を図りつつ、コワーキングに少しでも興味がある人に、コワーキングスペースを訪れてもらう機会を多く作りました。

日本のメディアでもコワーキングは注目され始め、テレビや新聞や週刊誌、フリーペーパーなどでコワーキングについての多くの報道が行われるようになりました。

よりよいコミュニティを作るために

現在、パックス・コワーキングにはメンバーとドロップイン利用者がバランスよく来訪し、笑顔で仕事をしています。どこかでコワーキングスペースのことを知って初めて来訪された方が「楽しかった」と言ってくださるのが、非常に嬉しいです。

国内のコワーキングスペースもどんどん盛り上がりを見せてきています。私は訪れて来る人に、コミュニティづくりの重要性について話し、自分たちがコワーキングの知名度を高め、利用者を増やすためにやってきた努力について、すべてノウハウを公開したいと考えています。

なぜなら、コワーキングスペースが増えるということは、こうした働き方をする人が増えるということを意味するからです。いずれは首都圏なら主要駅（急行停車駅など）ごとに、地方ならば県庁所在地や大きめの都市など複数カ所に、コワーキングスペースができればいいなと思っています。

ただし、コワーキングスペースはオーナーのキャラクターやその事業内容により、集まる人のタイプや作られる雰囲気が決まります。「誰がやるか」が重要であり、一般化・マニュアル化をすると魅力を失ってしまうような気がします。

多店舗展開をしてコワーキングを一気に広げる事業家がいてもいいと思いますが、個人的な理想としては、コワーカーとして既存のコワーキングスペースでしばらく過ごした後、自分の家から自転車で行ける範囲ぐらいにコワーキングスペースを立ち上げる人が出てきて、次々とコンセプトが継承されていくようなスタイルになることを期待しています。

また、コミュニティづくりに成功しているコワーキングスペースには、ほとんどヒエラルキーらしきものがありません。オーナーもコワーカーのひとりであり、メンバーと肩を並べて仕事をしています。受付や事務員も存在しないので、スペースの鍵の開け閉めはオーナーのほか共同経営者やインターン、場合によってはスペースに所属するコアメンバーが行うところもあります。

ドロップイン利用者や見学者の対応も、ファーストコンタクトはスペースオーナーが行うことが多いですが、オーナー不在時などはメンバーのほとんどが自主的に対応し、スペースの利用法やコワーキングの魅力について説明します。

「あいさつ」「ランチ」「飲み」という基本的かつ重要な要素がコワーカー間で自然に生まれているスペースは、それぞれが重要な構成要員としてふるまう意識も高いと言えます。なぜなら、コワーキングスペースに存在する「居心地の良さ」を維持・発展させるためにそうすることが文化となっているからです。

コワーキング文化の真髄「コワーキングビザ」

じつは、私が自分のオフィスをコワーキングスペースにしようと思った決定的なきっかけは、「コワーキングビザ」という発想を知ったときでした。

ビザとは通常、国家が外国人に対して入国や滞在、通過、就労、出国などの許可を与えるものですが、もちろんコワーキングビザは国家が発行するものではありません。コワーキングの世界的な発展にはインターネットを介した発想とノリのネットワークが寄与したという趣旨を前述しましたが、それによって生まれた最高傑作のひとつがコワーキングビザなのです。

コワーキングビザとは、その受け入れを宣言したコワーキングスペースがほかのコワーキングスペースに所属している人に無料でワークスペースを開放するという考え方です。前述のグーグル・グループのメーリングリストの議論の中で、「出張先でも使えたらいいな」という一言に対し、「使えるようにしようよ！　オレたち仲間じゃないか！」というノリで海外の多くのコワーキングスペースのオーナーが賛同し、出来上がった仕組みです。

それぞれのコワーキングスペースには提携したり、資本関係があるわけではありません。そこにあるのは、会ったことのない人に対しても、コワーキングスペースという概念を支持する者同士としての信頼関係だけです。「オレは○○にあるコワーキングスペースから来た」と言われたら、諸手を挙げて歓迎する。私も、そういう人たちの一員でありたいと強く願いました。

コワーキングスペースは同じ人や会社が複数経営しているという例は少なく、ほかのコワーキングスペースに所属する人が別の施設を利用することには、直接の金銭的メリットはまったくありません。

ほかのコワーキングスペースを〝商売敵〟として定義するのであれば、非メンバーにタダで利用させることはリソースの無駄遣いと判断するのが正しいのかもしれません。それをあえてみんなでやろうという提案が起こり、あっという間に世界中で実現させてしまうのが、コワーキングを広めようとしている人々の姿です。

コワーキングビザによってより多くのスペースが開放されることで、移動の多いコワーカーはより便利な環境を手にするわけですが、メリットを享受するのはコワーカーだけではありません。他のコワーキングスペースに所属するコワーカーを受け入れるコワーキングスペースとそこに通うメンバーは、いつもと違うメンバーがもたらす情報や雰囲気に刺激を受けることでしょう。

繰り返し述べている通り、コワーキングスペースはその根底にコミュニティの発想があるので、「誰がいるか」によって場の状況は大きく変わります。文化や生活習慣の違う環境で過ごしている人が訪ねて来ることで、新たな情報を得たり、自分たちの仕事を別の視点から見つめ直したりすることができます。また、コワーキングビザが適用できることを世界のコワーカーたちに宣言するだけで、スペースの価値を高められる可能性があるのです。

増加の一途を辿っているコワーキングスペース同士の連携は、コワーカーに「世界中どこにでも自分のオフィスを見つけられる」という状況を生むことになるでしょう。

こうした発想からもわかるように、それぞれのコワーキングスペースは、顧客を奪い合うライバルというよりも、面白い発想をどんどん実現化させて、コワーキングに興味を持つ人を増やしていくための仲間なのです。もちろん、これはまだ世界には十分な数のコワーキングスペースがないためという見方もできますが、多くのスペース運営者がこの発想と信頼関係を持ったまま、各自のスペースとコワーキングというムーブメントを発展させていくのではないかと私は思っています。

コワーキングに必要なのは場所でなく「人」

日本でも、世界でも、コワーキングの歴史はまだまだ短いです。でも、確実に浸透してきているのは、今の時代がこうした働き方を必要としているからではないでしょうか。コワーキングスペースの数も、コワーカーも、これからもまだまだ増えるでしょう。もちろん、運営がうまくいくところとそうでないところがあり、中には残念ながら閉鎖してしまうところも出てくると思います。

コワーキングはフリーランスやノマドワーカー、小規模事業者のためのものという見方がありました。私自身も開設当初はそうだと思っていました。

しかし、時が経つにつれて企業からその効果についてのヒアリングを受けたり、大企業と共同で実証実験をするようになりました。すべての仕事を社内で行わなくても、面白いアイデアを出したいときや第三者に意見を問いたいとき、気分転換したいときにコワーキングスペースに行ってみることが意義あるものだと考える会社員の数は増えてきています。

さらに私は、これからは場所にこだわらないコワーキングのスタイルも確立させたいと思っています。コワーキングに必須なのは場所ではなく「人が集うこと」だからです。フェイスブックなどで呼びかけてカフェなどに集えば、コワーキングはできるのです。コワーキングという概念の礎になったＪｅｌｌｙを、誰もがどこでもやれるような時代が来てほしいと思っています。

　また、突発的なコワーキングが可能な仕組みも作りたいと思います。自分が出先で寄るカフェなどでコワーキングしたいときに、近くにいる人たちに情報を伝えて集う「ココワーキング」が、コワーキング人口が増えればより成立しやすくなるかもしれません。また、「Ｊｅｌｌｙバッジ」を作って、鞄やスーツに付けて「話しかけられるの大歓迎。一緒に働きましょう」というサインにすれば、カフェなどで見ず知らずの人に気軽に話しかけられる環境も整うかもしれません。

　ひとりでも多くの人がコワーキングの発想で多くの人とつながることができ、その結果としていい成果を出し、成功を共有できるようになることを願ってやみません。

第4章

パクチーハウス東京が生まれ変わった

36歳の再スタート。2011年3月10日のこと

2011年3月になり、初旬に東京で2つ目のコワーキング「Open Source Cafe」がオープンした。PAX CoworkingのJellyに参加した河村奨さんが、自宅のガレージを改装して作った。自分の思想が広がっていったことを素直に嬉しく思った。そして、3月10日、僕は36歳になった。20歳の頃から行っている、毎年恒例の自分誕生祭をパクチーハウス東京で開催した。祝ってもらうというより自分の知り合い同士をつなげることが目的の、自分で企画する自分の誕生日パーティだが、パクチーハウス東京を開いてからは、友人以外に親しいお客さんと、初めて来るお客さんが交ざり合い、予想だにしないコミュニティができるようになっていた。久しぶりのパーティ営業としてこれを執り行い、集まってくれた多くの参加者のおかげで、史上最大級の盛り上がりとなった。

僕は、これで復活できると思った。朝まで飲み明かし、二日酔い気味のまま用賀へ向い、買い物を済ませて鳥獣giga跡地へ向かった。払い続けなければならない家賃を少しでも取り戻すため、この日から毎週金曜日にイベント営業をすることにしていたのだった。

東日本大震災が起きた。神様が「やめろ」と言っているのか

用賀では、まもなく自分の店舗を開く友人とのコラボイベントをする予定だった。開店準備

を始めてまもなく、それは起こった。午後2時46分。

立っていられないぐらいの揺れで、店内では吊ってあったワイングラスがガシャガシャ揺れた。すぐさまオープンバルコニーに出ると、数十秒後にはいつも人通りが少ない商店街にたくさんの人が出てきた。長い揺れに天変地異とはこういうことかと思いつつ、こんにゃくのようにグネグネ曲がって見える用賀ビジネスタワーを見つめた。

僕は「再スタート」という言葉を強く意識していた。後から振り返ると、やっぱりこのタイミングが「再スタート」なのだが、このときは「出鼻をくじかれた」という思いがあった。もし神様がいるのだとすると、僕に「事業をやめろ」と言っているのではないか、そんなふうに思った。揺れが落ち着き、周りの人たちとひとしきり会話をした後、友人に連絡を取りコラボイベントの中止を決めた。スタッフに連絡を取り、とりあえず下の定食屋での待機を命じた。自転車ですぐに家族の元へ戻り、無事を確認した。津波の映像を見たのはそのときだった。

パクチーハウスのエレベータが3日間止まった。地震の影響を受けた地域のほとんどすべてのエレベータが止まったのだろう。優先順位の高いところから復旧作業をするということで、単なる個人飲食店は後回しとなった。状況を確認するために、震災の翌日だったと思うが、下の定食屋さんの店内を通らせてもらい、裏の非常階段から2階の店舗に上がった。パクチーハウス東京が入居していた店舗は、表に階段がなく、非常用出口も1階の非常口にしかつながっていなかった。この震災を機に、避難経路の確保をかろうじてしてもらったが、裏のマンションに行く壁を乗り越えるための踏み台と避難梯子を設置しただけだった。

店内はさほど乱れた様子はなく、ジンの瓶がコンクリートの床に落下していただけだった。その瓶も奇跡的に割れていなかった。店内の確認が終わると、再び定食屋に戻り、それからの作戦を練った。

3日分の予約をすべてキャンセル。パクチーハウスを用賀に移転

年末から復活に向けて頑張っているつもりだったが、営業すらできない状態になり、かなり凹んだ。確認のため予約をしてくれていたお客さんすべてに電話をし、週末3日分はすべてキャンセルが確定した。心の中では諦めに近い感情を持っていたが、スタッフと話しているうちに、うなだれているよりこれまでの日常生活に近いことをしたほうが精神衛生上もいいだろうと判断した。

3日目の夕方、エレベータが復旧した。これで営業することは可能となった。しかし……本震と同等程度の地震が起こる確率が、1週間以内に70%と言われていたその当時、避難経路がまともに確保できない2階の店舗で営業することは極めて危険だと思った。そこでふと思いついたのが、より安全な場所で営業することだ。

借りっぱなしの用賀の店舗が空いていた。1階だし、入り口からだけでなく、アコーディオンドアでオープンバルコニーにも出ることができる。避難経路は完璧だ。お客さんが来るかど

うかはわからないが、スタッフと一緒に仕事をし、1人でも2人でも、震災で不安に思っている人の心の支えになれれば。「明日から用賀に引っ越すよ！」。レンタカーを手配して、スタッフにそう告げた。

メニューを絞り、最低限必要なものだけを軽トラに載せて、パクチーハウスを用賀に移転させた。メニューの半分は鳥獣gigaのもの、もう半分はパクチーハウスのものとした。引っ越しを決めた瞬間に予約の入っているお客さんに電話をしたら、やはりほぼすべてキャンセルだった。

しかし、驚くべきことに、そしてありがたいことに、毎日たくさんの人が集い、満席となった。店の規模はパクチーハウスの半分以下ではあるが、「開いているだけでも嬉しかった」などとお客さんから言われ、こちらの心も満たされた。余震は頻繁にあったし、「計画停電」があるのかないのか常にわからない状態ではあったが、1週間多くの人からエネルギーをもらいながら、希望に燃えた日々を送ることができた。

1週間の仮営業を終え経堂に戻る。史上最高の追パクを記録

ちょうど1週間が経ち、再び荷物をレンタカーに積み込み、パクチーハウス東京は経堂に戻った。一度はキャンセルになった席も再び予約で埋まり、復帰初日は満席スタート。活気ある店内で、僕もその中の一組の中で琥珀エビスのメガジョッキを飲んでいた。

その中にいたお客さんの一人が、「パクチーハウス東京の復活を祝して全員で追《ツイ》パク（＝パクチーのおかわり）しよう」と企画してくれた。店側には内緒で。「8時9分のパクチータイムに、全員で大きな声でしましょう」。そう書かれた紙が店内を巡った。

2011年3月21日午後8時9分、首謀者の一人が呼びかけると店内全員が立ち上がった。「せーのー」「追パク〜〜〜‼」。つい10日ほど前、あの状況で無気力にならなくてよかった。店を開けておくことが価値になるということを初めて知った。「復活」するかどうかは意思次第。自分がやらねば誰がやると奮起することになった。

それ以来不思議なことが何度も起こった。店に頻繁に、大きなバックパックを持った人が一人で来るようになったのだ。まだ被災の状況がはっきりわかっていなかったその時期に被災地に行き、物資を届けたり視察をしてきたばかりの人たちだった。「東北からの帰りにふと、パクチーハウスに行かなきゃと思ったんですよ」そのうちの一人がそう言った。

彼らはパクチーハウス東京の常連さんというわけではなかった。初めて来た人が多かった。誰かが「行こう」と呼びかけたわけではなかった。ただ、東北へ行った帰りに「なんとなく」パクチーハウス東京を訪れたいと思い、「前からチャンスをうかがっていたけど」初めて来パクするというパターンが多かった。パクチー料理を出す以外の情報発信はずっと頑張ってやっていた。でもあまり読まれていないような気がいつもしていた。でも、被災地からの帰りに寄りたいと思われるのは、コンセプトや僕の思いが静かに伝わっている証拠であり、いろいろな意味で誇らしかった。

そして、さっき撮ったばかりのホットな写真を、カウンター越しに僕に見せるのだった。状況を詳しく語ってくれた。もちろん僕は報道で東北の情報はある程度キャッチしていた。何度か訪れたことがあるだけでそれほど縁がなかったのもあり、自分ごととして捉えていなかったが、日々お客さんの情報でアップデートされ、心は動いていた。

お店は活気を取り戻したけれど、現金がない……

営業については手応えを感じていた。しかし、3月に消費税と法人税の中間納税があり、営業できなかった期間と用賀で規模を縮小した期間があったため資金がショートしてしまった。年末に会社の現金がほとんどなくなってしまい、毎月個人口座から会社に貸付をしていたが、それを含めても支払いが不可能という状態に陥った。

債務超過。言葉は知っていても、実際にそれがどのような状態を指すのかは理解していなかった。税金が払えなかったらどうなるのだろうか、また、家賃を支払うこともできないが、どうすればいいのだろうか。恥ずかしいし、格好悪いし、でもどうしようもなくすでに2本の事業用ローンを申し込んでいる信用金庫へ行った。店の営業状況には問題ないし、この時期だけ乗り越えれば返済は滞ることはないということを一生懸命に説明したが、無下に断られた。低金利で借りている分も含めて、高い金利で借り換えるなら考慮の余地があると言われたが、さらに負担が重くなることは考えられず、逃げるようにして信用金庫を後にした。
税理士と不動産屋に電話をし、正直に支払いができない旨を伝えた。税理士は、冷静に答えてくれた。「税額からすると延滞金が発生するのが4月11日からですので、10日までになんとかなりますか？　可能であればそうしましょう」

また、不動産屋はあっけらかんとしていた。「あー、払えないならそう言っておきますよ……地震で大変だって言っときますよ……払えない人たくさんいますよ」

「……」

何というか、自分で起業して会社を作ってみて、僕個人より僕が作った株式会社旅と平和という法人は、よりしっかりしないといけないと思っていた。家賃を払えないというのはナシだろうと。しかし、この2本の電話だけで、支払いを10日から1カ月延期することができ、キャッシュフローに急に余裕ができた。債務超過だとしても、僕以外のほとんどの人は知らないはずだし……。とにかくこの状況を乗り越えさえすればいいんだと初めて気づいた。

少しでも多くの現金収入を。ワンオペランチを始めてみた

4月は1日を除きすべてパクチーハウス東京のシフトに入ることにした。そして、少しでも多くの現金収入を確保するために、ランチ営業を始めることにした。ただし、ランチの収益化がとても難しいことは学んでいたので、人件費をかけることはこのタイミングでは不可能だ。

そこで僕が一人でランチタイム営業をすることに決めた。限定12食のバインミーランチ。数を絞ればなんとかなるはずだ。メニューも単純化した。

ただ、僕が仕込みをし、ランチ営業をすると午前中から午後3時ぐらいまでPAX Coworkingの切り盛りができない。なんとなく情報感度が高い人がコワーキングに注目し始めているはずなのに。そこで、僕はコワーキングのドロップイン利用の場所を変えた。3階のPAX Coworkingはメンバー専用のスペースで、2階のPAXi Coworking（パクチーハウス東京でのコワーキングのこと）はメンバーとドロップイン利用者のスペースということにしたのだ。

これは思った通りうまく行った。メンバーは僕が下にいることがわかっているのでちょくちょく顔を出してくれたし、たまにランチも食べてくれた。ドロップイン利用者は問題なく受け入れることができた。そして、ランチは一人だったので、調理しているときは厨房の奥から大声で叫んだ。「とりあえず座っていてください！」と。そして、2種類しかないメニューの注文（バインミーとバインミー+パクチー料理2品セット）を聞きに行くときに強くビールを勧めた。「昼からビールなんて……いいんですか？」と聞く人が多かった。昼は飲む時間じゃないよね、もちろん飲みたいけどさーという気持ちの現れだと断じて、僕は毎度「いいというより、マストじゃないですか！」と誘った。言ってみるもんでかなりの確率で生ビールも売れた。そしてそのうちの何人かはメガジョッキを飲んだ。

料理を出し終えたら、今度は話す時間だ。パクチーハウスのこと、コワーキングのこと、他にはないアイデアがここで次々に生まれていることを伝えた。パクチーハウスという店を面白がってくれる人やPAX Coworkingのメンバーになる人とこのランチタイムでたくさん出会った。ランチは不定営業ではあったが、7月末まで続けた。

「いつ東北に来るんですか」。大学教授からもらった一通のメール

ゴールデンウィークが明けた頃、知り合いの大学教授からメールが入った。ボランティアはそれなりに集まっているがマネジメントできる人材が不足している件、そしていつか見に行ってほしい旨。多くのお客さんから東北の生の情報を聞き、関心はあった。ただ、そのメールを受け取った時点ではやはり他人事だった。自分自身、会社の立て直しで息つく暇がなかったという言い訳も。

数日後、同じ教授から「一体いつ来るのか?」というトーンの変わったメールを再びもらった。電話をすると「被災地は刻々と状況が変わっており、いつかなんて悠長なことを言っている暇はない」と。すごい剣幕だったが、それを聞いて僕は「大変な自分」に酔ってたのではないかとハッとした。

震災の日から1カ月半、被災地を直接見た人が入れ替わり立ち替わり僕の目の前に現れた。僕は何度も心を動かされたにもかかわらず、現実的には自分の会社がどうなるかわからないと

言っている。しかし、それは正しい選択なのだろうか？　と思った。そして、たった1週間だけでも、その場にいることが絶対的に大事だと直感し、東北行きを決めた。決まっていたシフトをスタッフに無理を言って代わってもらい、東北新幹線に飛び乗った。

現地に到着して、東北大学の公衆衛生学専攻の先生が仕切るボランティアグループに加わった。宮城県庁の一室がその拠点で情報の取りまとめを主に担当し、一度だけ南三陸の歌津中学の避難所を訪問しヒアリングをして2晩ほど泊まらせてもらった。また、個人的にそのグループの範囲外ではあったが、すぐ近くの仙台平野の状況を付近にいる人が誰も把握していないことが気になり、始めて1年ぐらいだったランニングの経験を活かして往復30㎞ぐらい走って視察してみた。朝4時

自分の足で見てまわった被災地。「ここには通わなければならない……」。

に起きて、午後7時半ぐらいに戻った。まだ南三陸に行く前で、僕が直接見た初めての津波の被災現場だった。流された、家・船・車、折れ曲がったガードレール、そして誰もいない荒野にその被害の甚大さを改めて思い知った。

ランニングをする以前なら、10㎞以上離れていて、交通手段もない海岸線に行くことはなかっただろう。それを見なければいけないという好奇心と、それぐらいなら行けるという経験が、その行動を駆り立てた。そして、この経験がある場所を本質的に理解するのにランニングは最適な手段だという、今の僕が持つ感覚を作った。

どんな理由でもいいから東北に通わなければならない

このとき滞在したのはたったの1週間だ。でも単なる観光旅行と違い、自分の目と足で見たこともない光景を見た。また、各地で地元の方々と話す機会が多くあったので、東北のいくつかに知り合いができた。その人たちがどのように復興し、僕たちは何ができるのかということに強く興味を持った。

また同じようにボランティアの機会が持てるかはわからなかった。でも、少なくとも1年に1回、できれば2~3回、東北の各地に通って状況を見たり、それを誰かに伝える役割が自分にはあると感じた。とにかくどんな理由でもいいから、東北に通わなければいけないと思った。

その後3年ほど、被災地に赴任した友人を励ましに宴会を開きに行く、とか、Jellyをやるときは行って周囲の人に呼びかけて集めたり、牡鹿でのシャルソン開催に協力するなどして決意を実現し、東北の沿岸地域に縁を作って行った。「3年経ったら、忘れられる」と繰り返し聞いていたことが、4年目からウルトラシャルソンというイベントを始めるきっかけにもなった。

コワーキング三都物語でわかったこと。どこも厳しい……

東北から帰る直前、祖母他界の報があり、両親の実家のある京都へ行くことになった。パクチーハウス東京の立て直しと同時にコワーキングの知名度向上に尽力していたが、当時東京にコワーキングは2つしかなく、誰も来ない日もあった。あと数カ月で1周年を迎える。それまでに活路を見出したいと思っていた。

関西にはコワーキングが3カ所あった。東京より多かった。盛り上がっているに違いない。関西から学ぼうと思った。京都に行くついでに神戸のカフーツ、大阪のJUSO Coworking、京都の小脇を訪問し、運営者から勇気付けられようと思っていた。もう何年も経っているのでここに正直に記すが、3カ所とも誰も来訪者がおらず〝孤〟ワーキングの状態だった。しかも、コワーキングの意義と理想をよく理解しつつ人が集まらないという僕と同じ悩みを持っていた。もっというと、僕よりずっと病んでいた。

「東京は結構盛り上がってますよねー。オンラインで伝わってくる」。そう言われると、「そうじゃないんです」とはなかなか言えない。イベントを必死に企画して、たまたま来た来訪者の腕をグッと掴んで、楽しさと盛り上がっている感を一生懸命に発信しているだけの段階だったが、そのことは言わないことにした。

「コワーキングが盛り上がるために、どうしたらいいと思いますか?」という問いに、「いろいろ情報発信したりお試しで利用してもらったりはしてるんですけどね。定着しないんですよ」とまたまた暗い答え。それに対し、10カ月ほど僕が繰り返し実績を上げているJellyの話をした。コワーキングの元になる概念だし、気軽に参加できることを打ち出し、1人がコワーキングスペースに来ることを促すより、複数の人がコワーキングにいる状態を作るべきだと指南した。自分の窮状は隠したままで。

語っているうちに、自分が積み重ねてきたJellyはやはり面白いし、僕自身ももっと頑張ろうと思った。「関西で持ち合いで順番にJellyをやればいいんじゃないんですか」なんて勝手な提案もしているうちに、コワーキングってやっぱり面白いなと感じた。そしてそれから数カ月後に、思い描いた通りの状況となる。そのとき大きかったのは、当時数少なかったコワーキングの運営者全員に会い、それぞれの動きをつなげようと思い立ったこと。同じ場に一緒にいなくても、同志が頑張っていることをそれから後はいつでも頭の中に思い浮かべられるようになった。

マニアックな店が選ばれる時代がきた

東京へ戻り、城を守ってくれた仲間たちに感謝した。東北へ行って凄惨な状況と温かい人々に触れ、僕は行く前とまったく違う人間になっていた。そして図らずも関西へ行く機会が与えられ、コワーキングにも希望が持てると思えるようになった。

震災から2カ月が経ち、自粛モードはやや薄れつつあった。企業は時短や早上がりを推奨した。外食は控えることが多いとされたが、回数を減らすならとマニアックな店、面白い店が選ばれるようになった。この月の終わり頃から、開店時間前に来パクする人が増えた。会社が午後3時とか4時に終わるとかで、開店1時間前の午後5時に数人が顔を覗かせてくれるのだった。それからしばらくは、開店時間から人が溢れるようになった。この傾向は数ヵ月で落ち着いたが、6月ぐらいから毎日予約が埋まるようになり、その状況は閉店する2018年3月まで一部の例外を除いてずっと続いていった。

月10回外食する人がもしそれを週1回に減らすとしたら、普通の店より特徴のある店を選ぶだろう。「とりあえずビール」とか駅前の居酒屋ではなく、意思を持って店やメニューを選ぶようになる。僕の起業前にパクチー料理は「ありえない」と繰り返し指摘されたが、大震災を経て、選ぶなら「普通の焼き鳥屋」より「変なパクチー屋」という時代がきたのだ。

震災直後に東北から直行する人が増えたと前に書いたが、毎日混雑するようになり、一人で来る人の数も増えた。開店時は賑わっているシーンを多く発信しており、「一人じゃ行きにくい」印象を受けるという声を聞いた。パーティ営業というスタイルや、パクチーハウスで面白い人に会ったということが少しずつ伝わっていった結果だと思うが、「そこにコミュニティがあるから一人で行っても楽しい店ですよね」と言われることも増えた。毎回一人で来て立ち飲みスペースやカウンター席を中心に楽しむ人や、毎回いろいろな友達を連れてきて僕やスタッフに紹介してくれる人がたくさんいた。

「月3回は旅をしよう」

1000回ぐらい受けた取材の中で印象に残っているものがある。

ある記者に「旅から生まれた発想が形になって素晴らしいですけど、レストランしてたら旅できないですよね」と言われた。「痛いところを突かれた」と思った。

そのときは、僕自身が移動するのと誰かが移動してくるのは実質的に大差ないのだということを主張し、パクチーハウス東京を開いた瞬間に「移動しない旅」が始まったんだと強弁して、記事にもその言葉を書いてもらった。

コワーキングを始めて一年ぐらい経ってからは「コワーキングの先駆者」として各地に講演で呼んでもらうようになった。

ただ講師料で大金をもらえるわけではなく、大抵は「薄謝ですみませんが」という枕詞で依頼が来た。交通費は満額出るので持ち出しになることはないが、一人の会社経営者としてその出張が会社の直接的な利益（短期的に）になるかをいつも考えていた。平均すると月に1回以上どこかへ呼んでもらって話す機会をいただいていた。依頼を受けるときに「お礼より飲み会」ということで、僕の話を聞いてくれた人と終了後に飲むことを条件にするようになった。いろいろな地域の人と語ることで、その地域のことがより見えるようになった。また、少なくとも10人以上の人と知り合うことになるので、僕にとっての長期的な財産となった。

出かけることは、たとえそれが弾丸出張でも、とても価値があると確信した。シャルソンを始めてそれを広めようという強い意志ができたとき、ふと「誰かに呼ばれるのを待つ」のではなく「呼ばれなくても行く」ことで、人のつながりを飛躍的に作っていけると思った。自分が伝えたい旬なことは自分で攻め入るべきだと思ったのだ。それから、ちょっと極端かなと自分でも思いつつ、月3回は国内のどこかへ出張という名の旅をしようと心に決めた。

そのおかげで、シャルソンの発展版としてウルトラシャルソンという東北復興応援イベントを作り、1回目をやり遂げた後、我ながら素晴らしい企画で多くの人に聞いてもらいたいと思った。友人たちがプレゼンの機会をくれ、喜んでくれた。僕は単純なので、これを世界にも伝えなければと思った。

ペイできるに決まってる

物事の因果関係をわかりやすく説明するのは非常に難しい。特に、飲食店の集客が出張から生み出されているということを証明する術を僕は知らない。わかりにくい業態を伝えるためには「直接営業」が一番効果的ではないかという予想は、年月が経つほど確信に変わっていった。週に何人も、僕とどこかで接点があった人が来パクしてくれるという「結果」がそれを示している。どこかに出かけ、講演なり打ち合わせをする。

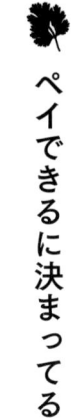

その後「せっかくだから」と呼びかけてもらえばどこの町でも15人ぐらい、好奇心のある人が集まってくれる。僕は美味しく楽しい酒を飲みながら、その地域を率いる素質を持っている15人と知り合う。積極的な人が多い。年に数回ぐらい東京に出かけるという人も。そんな人たちが、どこにでもある店ではなく、世界初の（しかも数年前までは唯一の）パクチー料理専門店に知り合いができたらついつい寄ってしまうというものだろう。一人で来る人もいるが、ほとんどは東京なり近郊に住んでいる友人を呼び、紹介してくれる。

パクチーハウスには旅人が集まってほしいし、常に遠方からお客さんが来てほしい。当初は僕の願望にすぎなかったこの思いが、僕が出かけまくることで現実化した。自分は機会を作れなくても、「東京に行く友人」に強く勧める例もよくある。独自性を貫くことで、覚えられる確率・誰かに伝えられる確率が飛躍的に跳ね上がる。人に迎合するよりゴーイングマイウェイを貫くことこそ、人とつながる一番容易な方法なのだ。

出かけたからといって、出会った人が来パクする保証はない。営業マンのように契約を取ってくるわけではないからだ。でも実感は確実にある。「ペイできるか」とスタッフや株主に問われたら、いくつかの事例を挙げて説明を試みるしかないが、月3回出かけるという判断をしたことは、パクチーハウス東京と会社全体の事業が厚みを持って広がっていく大きな要因となった。ペイできるに決まってるのだから、一つひとつの現象を検証するなどという無駄な時間を取る必要はないのだ。

「予約が取れない」連日満席のお店に

そんなことを続けていたら、パクチーハウス東京は「毎日満席なので、予約が取れない」と言われることも増えた。多いときはメールが一日20〜30通、電話は営業時間中鳴りやまないこともあった。実際はほとんどの人が同じタイミングで同じ日に予約をしたがるので日を選ばなければなんとかなるし、2年目に設置した立ち飲みスタイルの交流スペース「public'S'peace」は予約なしで来れるので、とりあえず来ればなんとかなるのだが……。安定して曜日にかかわらず、遅くとも数日前に予約が埋まるようになった。ありがたいかぎりだ。

立ち飲みスタイルの交流スペース「public'S'peace」ができたのは開店から1年半後の春だった。「交流する飲食店」の真意を丁寧に伝え、発信していった。それなりの成果も見えるようにはなったが、その流れを加速させたいと思ったからだ。店を開く前、予約がたくさん入ることを考えていたわけではなかった。ただ、初めて店舗経営をしてみて「お客さんが来ない恐怖」をなんとかなくしたいと思い、予約を力ずくでも埋める方向に持っていった結果、席が埋まる日が多くなった。ある程度安心して毎日を過ごせるのだが、一方でなにか予定調和的な面白くなさも感じていた。また、予約以外の当日客が少ないのも気になっていた。「予約しないと入れない」というデマも広がり始めていた。

複数で来る人が多いのも想定と違った。一人で来て仲間を作るのが僕のイメージだったから。「public S'peace」を作ったのはそのイメージを実際のものにするためだ。

ネット通販でウィスキー樽を買い、店の真ん中に2つ置くことから始めた。一人でも注文しやすいように特別メニューとポーションの小さいサイズを設定した。最初の一週間は僕が開店から閉店までずっと入り浸り、立ち飲みの面白さを伝えた。

予約しなくても入れるということを理解し、いつも立ち飲みスペースを目指してふらりとやって来る人が少しずつ増えた。その他「パクチー料理専門店」なんてマニアックなところにお客さんがいるわけないと思う人が初期の頃は特に多かったので、椅子が満席でも「public S'peace」で楽しめることがいい効果をもたらした。

普段立ち飲み屋には行かないというか、避けているようなお客さんでも、わざわざ電車に乗って来たのにすごすご帰るわけに行かず、やむをえず立ち飲みを始める人もいた。が、食事だけでなく全然知らない人との会話を楽しめることに気づき、席が空いていても座らない人もそれなりにいた。樽を囲んで場所を融通し合い、声をかけると見知らぬ人たち同士がどんどんつながった。

「同じ都市圏には出店しない、日本を分断してはならない」

パクチーハウスは「ありえない」と言われたが、それは飲食業のセオリーでは「立地産業」ということになっているからだ。商圏は通常500mとか、要は一駅分ぐらいである。人はそんなに歩きたくないので、駅前や人通りの多いところは流行る。選ばれる店云々ではなくて、数百人に1人が入店するなら、歩く人の数が多いほうがいいじゃないかという考え。

僕はそれを見たとき、違うなと思った。理論が間違っているとか、そういうことじゃない。そういう確率論で僕のところに来てほしくないなと思ったのだ。面白い場所、魅力的な人のところに、自分の意思で向かっていきたい。それが僕の行動指針だ。僕が店を作るなら、来る人はそういう人がいい。叩いても響かない人は必要ない。

日本パクチー狂会の活動を通じてパクチー好きが「結構いる」ことはわかっていた。しかし、知名度も低いその時代、人口におけるパクチー狂の割合は1%ぐらいだなと見積もっていた。つまり、乗降客5万人とされる経堂駅であれば500人。その全員が月1回来ても足りない。そこでもっとメジャーな食材なり業態を選ぶのが常識であろう。でも僕には常識はなかった。

僕の行動指針によると、行きたいところにはなんとしてでも行きたい。時間はかかるかもしれないけど、いつか必ず。そういう店作りをすれば、僕のような人がわざわざ来てくれるんではないだろうか。だってその店は食事は美味しいのはもちろんのこと、面白い人にたくさん会えるのだ。僕ならわざわざ電車に乗っていくな。そういう人に来てもらおう！

僕は商圏を関東ぐらいに設定した。4000万人の1%は……40万人。これは十年単位じゃないとさばききれないな。パクチーハウス「東京」と、「東京」をつけたのはそういう意味だ。東京（圏）には一店舗で十分だからここ以外に作る必要がない。

開店してすぐに、愛媛から来パクしてくれた人がいた。噂を聞きつけて、飛行機に乗ってやって来た。面白そうだから飛んで来たというが、だからこそ自身の体験をたくさん語ってくれた。遠くから来れば来るほど、お客さんは喜ぶのではないかと思った。隙あればお客さんに話しかけてみた。関東圏以外から来ている人もちらほらいた。ほかの都市圏にパクチーハウスを作ることは日本を分断することになる。そう思った。

パクチーハウス東京の商圏は二万キロ。2店舗目は必要ない

伝票が必要ないと思ったぐらいのど素人経営者である。しかし、迫り来る取材陣は僕に意味不明の質問をした。「取材マニュアルの必ず聞くべきこと」に載っているのではないかと思っ

たぐらいだ。

「2店舗目はどこに作られますか」

アホすぎる質問だと思った。この店が成り立つかどうかもわからないのに。しかし怒ってもしょうがないので、僕はこの「分断を避ける」話をした。そして話を盛るために、「日本には一つだけ」と伝えた上で「ほかに店舗を作るとして五大陸に一つずつぐらいでしょうね」と豪語した。誰も信じなかったが、笑い話として受け止めてくれただろう。

パクチーハウスを始めて89日ぐらい経ったとき、ロイター通信から取材の依頼があった。取材には徐々に慣れてきていたが、外国の通信社だ。一言で言うと「東京にパクチー料理専門店ができた」という記事を書きたいという。世界に配信してくれるのは嬉しいしありがたい。でも、どういう意味があるんだろうとそのときは思った。あとで知ったことだが、東京の食事情は人気の記事となるので、世界中のメディアが記事を購入する可能性が高いのだという。実際、僕が見つけただけで世界十数カ国の新聞、雑誌、テレビ、ウェブなどでロイターの記事が使用された。そして、ほどなくしてイタリア、オーストラリア、メキシコからお客さんがやって来た。ホテルのコンシェルジュから電話があり、「当ホテルにご宿泊のお客さんが予約を取りたい」などと言ってきて、スタッフ全員で大笑いした。そして珍しいゲストを迎えた。僕たちにとってかけがえのない新しい経験だった。それを経て、僕はやはり思った。「世界を分断してはならない」

パクチーハウス東京をオープンして1周年を迎えた後の年末、僕は友人のツテで「外食経営者の忘年会」に誘われた。他の人はどんなことを考え、どんな経営をしているのだろう。好奇心から参加してみることにした。

僕みたいな個人飲食店主はほかにおらず、上場している企業の幹部がほとんど。中に養老乃瀧の創業家の方（現社長）もいた。養老乃瀧といえば小学生でも知っている居酒屋の雄。そのときのパクチーハウスの890倍ぐらいの規模を持つ会社だ。とりあえず自己紹介してと言われたときに、「パクチー屋」以外に何を語ればいいのか。

そこで思いついたのが「商圏二万キロ」というフレーズだ。

「僕は1店舗のクレイジーとまで言われる店をやってたったの1年の新米ですが、世界中からお客さんが来ることになっているから店を増やす必要すら感じない。商圏二万キロですから」。

とっさに出た言葉だったが、世界を分断しないという僕の気持ちをうまく表した言葉だなと思った。

「むやみな割引はしない」パクチーハウス東京のポストカード割

パクチーハウス東京ではポストカード割という割引制度があった。そのほかいくつかの割引制度を作ったことがあるが、すべてはお客さんが自分を表現したりより積極的にコミュニケーションを生むために設計した。

ポストカード割とは、旅先からパクチーハウス東京にポストカードを送ると、それが割引券になるというものだ。「クーポンは自分で作ろう」と呼びかけていた。店を作る前後、飲食店の常識の一つにグルメサイトへの登録とお客さんへのサービスの提供というのがあった。グルメサイトの「これをプリントすれば10％割り引きます」というような類のものだ。僕は客としてもこれが嫌いだった。割引券を権利のように差し出すと、差し出されたほうのモチベーションが下がるに決まっているからだ。

　僕の経営方針の中に「むやみな割引はしない」というものがある。自ら自分の価値を下げるようなことは絶対してはならないと思う。グルメサイトの割引クーポンの提案をすべて拒絶したのはそのためだ。まず安くして

外国から届くポストカードは素敵なつながりをたくさん生んだ。

来てもらって気に入った人がリピーターになってくれるなんて、営業の人たちが知ったような顔をして言うが、そんなことは絶対にありえない。割引券を出す人は、割引が好きなのだ。定価ではほとんど来ないだろう。

僕はお客さんを迎える立場として、印刷しただけの割引クーポンを受け取った瞬間に顔が歪むだろうと思った。僕は人間ができていないから「ありがとうございます」と言いながら、なんだこの野郎と思ってしまうのだ。だから、割引をするなら何かをもたらしてもらおうと発想した。

ある日店のポストを覗くと外国からポストカードが届く。そこには旅の感想やときには現地で食べたパクチーの感想が書いてある。僕とスタッフはその国に想いを馳せる。その人が来パクする際、ポストカードを見ながら会話をすることができれば僕らはもちろんお客さんももっと楽しんでくれるではないか。ポストカード割はこうして素敵なつながりをたくさん生んだ。

「一つでも多くの断片を知ってほしい」。1日4時間かけて伝えた事業のこと

会社を作って一つ心がけていたことがある。それは、とにかく時間をかけて情報発信をすること。僕がやったのは一般的な言葉で言うと飲食業（パクチーハウス東京）、オフィス業（PAX Coworking）、イベント企画業（シャルソン）だが、それぞれの背景には旅と旅を通じたコミュニケーションがあり、そこに至る背景とコンセプトに独自性と面白さがある。だから

それを伝える必要があった。世の中は「わかりやすく伝える」ことがよしとされ、それを否定するわけではないが、即席の答えだけではその深みは伝えられない。全部理解されないとしても一つでも多くの断片を知ってほしいと思って文章を書き続けてきた。僕は10年間ずっと、1日平均4時間ほど情報発信のために時間を費やした。

メニューやイベントの告知、状況報告だけではなく、店で起こった事象の発端となる僕自身の体験や、ときにもしかしたら僕の事業など一生気にかけない人にも読んでもらえるようなこじつけ、ダジャレなども含む。パクチーを最初に扱い始め、その世界観を広げるために「89」という数字にこだわりまくることを決めた。その結果、89という数字に関する情報発信もするようになった。

多くの人は忙しいし、目の前のもっと楽しいことに目を向けていたい。正論だけど真面目な話はウケないのだ。僕は、それを見て、伝え方に問題があるとずっと思ってきた。僕は89を使ったダジャレを使いまくることにした。

エイプリルフールネタはそうした情報発信の一つで年一回の定例となった。この日だけは他人を害さない限り嘘をつける日ということで気合いも十分。面白い作品ができればそのネタは自然に広がっていく。

《過去のエイプリルフールネタ》

2012年：専門料理店の店主、薬事法違反容疑で逮捕

http://paxihouse.com/blog/2012/04/icpo/

2013年：ビリヤニハウス東京開店

http://paxihouse.com/blog/2013/04/biriyani-saikoo/

2014年：シンガポール 緑のマーライオン計画アドバイザーに就任

https://www.facebook.com/kyopaxi/posts/766948596657781

2015年：モロッコ政府とパクチーで基本合意

http://paxihouse.com/blog/2015/04/morocco-paxihouse/

2016年：パクチーハウス店主に経歴詐称疑惑

http://paxihouse.com/blog/2016/04/paxcho-satani/

2017年：PAXIからTAXIへ～パキスタンでタクシー事業を開始

http://paxihouse.com/blog/2017/04/paxi-to-taxi/

2018年：政府、北極点の名称を変更＝「パク点」に

http://paxihouse.com/blog/2018/04/parctic/

中でもダントツで拡散し、毎年エイプリルフールに掘り起こされたのが2012年の「専門料理店の店主、薬事法違反容疑で逮捕」だった。この記事でパクチーハウス東京のことを知る人も多かった。2016年には経歴詐称で話題になったショーンKをパクってショーンPにな

りきった。これらのネタで共通しているのは、タイトルに書いてあること以外はほぼすべて真実で構成するという点だ。タイトルはセンセーショナルかもしれないが、中身を読んでいくと僕と僕の事業のことを理解できるように構成した。エイプリルフール記事をきっかけに初来パク、再来パクを決めてくれたと僕に教えてくれた人は数知れない。

第5章

走るのが嫌いな僕が月間300キロを走るようになった理由

「マラソンなんか絶対にやりたくない」

僕は2014年南アフリカのコムラッズマラソンに出場し、完走した。長距離走が大嫌いだった僕がウルトラマラソンに参加するというのは、数年前までは考えられない出来事。でも、いろいろな条件が重なり、僕は南アフリカまで行くことに決めたのだった。

絶対にやりたくないと思っていたランニングを始めたのは、大好きなビールを飲み続けた結果だ。34歳になったとき、僕のお腹は信じられないぐらい出っ張った。体型はいきなり変わるものでなく徐々に変化するものだが、気がつくと信じがたいぐらいの脂の塊がお腹に存在していた。ある雑誌のインタビューで全身写真が掲載され、愕然とした。自分ではないみたいだった。自分ではないと信じたかった。角度の問題もある。さすがにここまでじゃないよねと友人が慰めてくれたが、カメラが捉えた一瞬でも、そんなシェイプになっていた瞬間があったということだ。

ウォーキングを始め、ジムに毎月お金を納めることにした。ウォーキングは効果が見られなかった。ジムはバイクもランニングマシーンも実験のラットみたいな気がしたし、景色が変わらないので、しばらくやると辛くなった。行く頻度は減り、たまに行っても筋トレしかしなかった。一年間会費を納めた結果、僕は5kgの体重増加を手に入れた！

ある日、友人がパクチーハウスで「ランナーの会」という会合を開いた。僕も出席者の一人となった。その日のスピーカーはトレジャーファクトリー社長の野坂英吾さん。１００kmの「ウルトラマラソン」を何度も完走している方だ。

「業績不振でフルマラソンを始め、上場を機に１００kmにチャレンジした」という言葉が非常に印象的だった。経営者としてさまざまな困難に立ち向かう必要がある。野坂さんは節目節目にチャレンジをして、自らの目標を達成しつつ会社も成長させてきたと話していた。時間も余裕もないときに、気持ちの転換をジョギングを通じてなんとかやっていたそうだ。このときの話は、その場でとても感銘を受けたのだが、実感としてわかるのはランニングが習慣になってからだ。インターネットが普及し、スマホでいかなる瞬間にもさまざまな情報が侵入してくる時代になった。ランニング中は余計な情報を一度遮断することができ、頭の中をすっきりと整理することができる。僕もいつしか、きちんと考えたい事象があると長めの距離を走るようになった。

また、「フルマラソンまでは練習すれば誰でも走れるようになるが、ウルトラマラソンの場合は走るのに戦略が必要だ」とも仰っていた。脚や膝を持たせるために、力をセーブしたり痛みをコントロールする必要があるというのだ。そこまでしてどうして走るのだろうと思った。でも、「この人がそこまで言うのならば……」と思い、僕はその翌朝にそれまで走った最長の距離、つまり高校の持久走大会で走ったのと同じ10kmを走ろうと決めて実行した。このチャレンジが僕をランナーに変えるトリガーとなった。

僕は長距離走が速いほうではなく、それゆえ好きでなかったのだが、15年以上のブランクを経て走り始める直前まで、自分が走ったら高校生のときと同じぐらいには走れると信じていた。華麗に疾走する自分のイメージがあった。走ってみてそのイメージはすぐに崩れることになった。身体が動かなすぎた。

どう見てもドタバタ走っている自分がいた。スピードも出なかった。すぐにやめたいと思ったが、野坂さんの話を聞いて奮い立った僕は、とにかく決めた通り10kmを走り通そうと頑張った。決心したものの、途中でやめる理由をたくさん考えた。幸運にもやり遂げる気持ちが勝った。終盤に入り、息が安定してきた。速く走れないことが、無理をしない状況につながったようだ。走り終わった数時間後から全身が激しい筋肉痛に苦しむことになったが、生まれて初めてジョギングをして爽快感を感じたのがこのときだった。

走る爽快感を知ったものの、どのぐらい走ればよいかよくわかっていなかった。眠いときやお酒を飲んだ翌日などを外すと、走る日が極端に少なくなってしまった。そんなとき、僕が衝撃を受けたウルトラランナーの講演会企画をしてくれた渡邉裕晃さんが、悪魔のささやき、いや違う、素晴らしい提案を持ってきてくれた。

「朝ラン&ビールの会」のキッカケ

渡邉さんは僕の最初の著書である『ぱくぱく！　パクチー』（情報センター出版局刊）の感

想を本人のブログで書いてくれたことがあり、それが縁で知り合った友人だ。講演会をきっかけに走り出した僕をつかまえて、「朝走って集合して、ビール飲む経営者だけの集まりを一緒にやりませんか？」。

「そんな酔狂な」と思ったものの、ランニングをしている経営者で雲の上のような存在の人が頭に浮かび、その人を誘うきっかけにできるかもと思って提案に乗ることにした。そして、渡邉さんと一緒にコンセプトを立てた。

・朝走って集合して、ビールを飲む（一緒には走らない）
・交通機関を使えないように集合時間は5時とする
・ビールをさくっと飲んで、さわやかに解散する
・帰って「いつも通りの日曜日」を過ごす

この企画を始めたときに参加した3人の家から5〜10㎞ぐらいの範囲内でスタートさせた。最初は三軒茶屋、そして渋谷、洗足池というように……。予想通りだったが、朝のディスカッションは非常に有意義だった。そしてそのことをSNSを通して知る人が連絡をくれるようになり、いつのまにか東京の東の外れからも来る人が出てきた。

集合時に「30㎞でした〜」などとにこやかに言う人も。そしてある朝、参加者の一人が言った。「スカイツリーがもうすぐできるので、工事現場見ませんか。案内しますよ」。スカイツリーのもっと先から来ている人もいたのだが、僕や渡邉さんにとってはあまりに突飛な話。冗談

として受け止めたのだが、毎月開催されるたびにそのネタが出ることになった。そして数カ月後、一回だけ行ってみるかという話になった。

自宅からスカイツリーまでは23㎞。10㎞以上走ったことは、それまで何度かしかなかった。でも、このチャレンジに失敗したくないと思い、スカイツリーまで走れるように練習することになった。僕の走力は、こうして伸びていったのだった。スカイツリーに集合した後、地元の方が走って周囲を案内してくれた。プラス5㎞走ることに。そして案内された錦糸町の居酒屋では、誰も何も言わないのに、夜の居酒屋並みにオーダーして飲みまくった。それまで朝ラン&ビールの会は、軽く1～2杯というのが通例だったが、このときに何かが崩れたのかもしれない。

その後、朝ラン&ビールの会はしばらく続き、その後一年半ほど休憩した。しかし、同じ流れが千葉で脈々と続いており、2014年になって東京でも復活することになった。今は経営者に限定はしていない。でも、こんなに朝早く、走って集合したい人ってのは相当な面白い人ばかりで、すっかり止められなくなっている。

ランで行動範囲と思考が広まる

走るのが好きになって一番よかったなと思うことは、行動範囲が飛躍的に広がったことだ。手のひらに収まるサイズのコンピュータが普及したおかげで、目的地までの最短距離が数秒で検索できるようになった。自分の力で移動できる距離が長くなり、検索結果を活かすチャンスが大きくなった。

走り始めて1年ぐらいして、あの東日本大震災が起こった。5月に人の縁で東北大学医学部の教授のプロジェクトを手伝うことになり、1週間仙台に滞在した。震災から2カ月経っていたがまだ各地の状況を正確に把握している人はいないという状態。プロジェクトの範囲ではなかったが、僕がいたところからほど近い、仙台市東部エリアのことは、一緒に仕事をした仲間の誰も把握をしていなかった。

泊まっていたユースホステルで、寝る前に海岸までの距離を測った。15kmだった。往復で30km。ランニングを始め、朝ラン&ビールの会の流れで長い距離を走れるようになった僕は、なんとかなるなと感じた。翌朝のアラームを4時にセットし、眠りについた。

朝起きて、ひたすら東に向かって走り、すべてが流された平野に到達した。海岸から3〜4kmのところから海岸まで、ほとんど何も残されていなかった。その被害の甚大さを、ずっと自分の脚で移動することによって感じた。

走っていなかったら、そこに行こうとは思わなかった。その地域に残っている人はいなかったし、そこに至る交通手段もない。でも、走っていたからこそ、誰もいないだだっ広い空間に行くことができた。行動範囲は広がり、その分体験や思考も深まったと思う。

酒飲んで走るメドックマラソン？　震災後8年連続で出場

『Forbes』日本版で、ものすごいマラソン大会を知った。フルマラソンなので、距離は42・195㎞。しかし、スピードではなく特産ワインを味わうことに主眼が置かれている。場所はフランスのボルドー地方メドックというところ。1985年から毎年9月に開催されているのだとか。

記事によると、「記録にこだわる人、ネクラな人の参加はお断り」で、5㎞毎の休憩所でバンドが音楽を奏でて励ましてくれるそうだ。コースの途中ではワインが振る舞われ、後半は生牡蠣、グリルドビーフ、各種チーズなども食べられるらしい。いつか参加したい！

ランニングを始めるずっと前、自分が走るなど想像すらしていなかった2006年4月6日のブログにこう書いている。走るのが楽しくなってきた頃、5年以上前に読み自らのブログにも記録しておいた「メドックマラソン」について思い出した。そして、そのときの自分なら〝給水所にワインが置いてある〟酔狂なマラソン大会を楽しめると思った。

そんなタイミングで、親しい友人が僕をメドックマラソンに誘った。彼の名は小森良介くん。2010年に初めてメドックマラソンに出場し、その翌年僕に声をかけてくれたのだ。すごいタイミングだと思った。「導かれている」とはこういうことなのだろうと思った。

何かに「導かれて」出場したメドックマラソンにはコミュニケーションが溢れていた。

その当時はすぐに定員になるようなことはなさそうだったし、申し込みが英語かフランス語だったので億劫で、エントリーが始まったと知ってから申し込まぬまま、2週間ほどが過ぎた。毎年恒例の僕の誕生日パーティに小森くんが来たので、メドックマラソンに出ようねと再び誓った。そしてその翌日、東日本大震災が起きた。

それから数日、それまで自分の人生では経験したことのないこと、考えたこともなかったことをたくさん体験し、何日も過ごした。目の前に起こることをこなすのが精一杯だった。1週間だけ自分が経営するパクチーハウスを経堂から用賀に移転させたり、ランチタイムを一人で運営したりもした。自分の会社がどうなるかわからなかったが、これも導きで、それまでほとんど縁のなかった東北地方に、復興ボランティアの手伝いにも行くことになった。想像を絶する体験をした人とたくさん話した。そして、僕は自分の事業でたくさんの笑顔が作れることを改めて知った。

「ワインを飲みながら走っている場合じゃない」。世の中の空気はそういう感じだった。あらゆるものが自粛の対象とされ、震災によってだけでなくその空気が、日本社会を押しつぶそうとしていた。そういう状況の中で自分なりに考え、僕は決意した。メドックマラソンに出るなら今年しかないと。小森くんとも同意し、友人たちに声をかけ始めた。震災からあっという間に3カ月が過ぎていた。実はこのとき、第27回メドックマラソンはすでに締め切っていた。そこで僕は主催者に直接交渉することにした。

「大震災を経て、東京では当初のような混乱した状況は脱したものの、人々の心は完全に明るくありません。自粛ムードが漂い、これはすべきでないと行動を恐れることが多く、沈鬱な状況です。僕たちは今こそ、パーティが必要だと思っています。日本の復興を明るく演出したいので、出場させてくれませんか？」

数日後に、フランスから返事が来た。「It will be a pleasure to help you...」で始まるメールは、僕たちの出場を歓迎してくれるものだった。

メドックマラソンは走るパーティだった

メールマガジン配信会社のまぐまぐ公式マガジンである『カフェまぐ』での連載コラムとし

て、メドックマラソン完走直後にボルドーで書いた記事がある。

「今年のテーマは……動物です」

この一文を見た瞬間思い浮かんだのは、〝パーティアニマル〟という言葉だ。

第27回メドックマラソンに参加した。収穫間際のブドウ畑や、シャトーの敷地内を駆け抜けるフルマラソン大会だ。もちろん、ワインを飲みながら走る。飲酒とランを結びつけるのに、抵抗のある向きも多いだろう。僕も初めて聞いた時は信じられなかったが、面白そうなので気に留めていたら、ボルドーの医師が発起人となって始まった大会らしいことがわかった。

「定期的な運動が身体によいように、適量のワインを日常的に飲むこともまた健康によい」

これが一つの結論らしい。常識とされることを盲目的に信じていると楽ではあるが、思考停止に陥る。多くの国を旅して、そのことを学んだ。その上で僕なりに考えた結果、自分の体験を世界に還元するために会社を作り、「ありえない」と言われ続けながらパクチーハウスを進化させてきた。

3月11日の大震災後、〝不謹慎〟という言葉が氾濫し、日本はますます暗くなった。復興にまだまだ時間はかかる。だからこそ、発想の転換が必要だ。

僕たちは大変なことがあったけど、明るく楽しく生きているよということを、人生を楽しみまくっている世界の人たちに伝えること。パーティアニマルの復興戦隊エンカイジャーは、こうした使命を持って〝ワイン畑〟を42・195km走り切った。

　メドックマラソンに参加して、僕は大変な衝撃を受けた。「飲みながら走る」ことばかり強調されているメドックマラソンの本質は、「飲むこと」ではなかったからだ。「飲むこと」は前提にすぎない。そして「飲んで走ったら健康に悪いのでは」という常識とされる思い込みをぶち破るに十分すぎる行為である。

　一般のマラソンにはあまりなくて、メドックマラソンに溢れているもの、それがコミュニケーションだ。メドックマラソンにおける「給ワイン（＝エイドステーションでワインをランナーに提供すること）」は、一般の給水とはまったく異なる。できるだけ時間のロスをなくし、ライバルに勝つためにあるのが一般の給水だ。メドックの給ワインは、それを注いでもらったり、ワイングラスを回してみたり、周囲の人と乾杯することが自然に起こっている。そこには会話がある。

　給ワイン所以外もそうだ。毎年テーマが決まっていて仮装が求められているメドックマラソンでは、さまざまな衣装を着た人がいる。普通のランニングの格好で走るのは恥ずかしいといわざるをえない。面白い仮装をしている人は、たくさんの参加者から話しかけられるし、また、そういう人を話をするきっかけにすることができる。仮装をきっかけに出身地を聞いたり、ヒーローがくたびれているとそれを揶揄されたり、とにかくすべてのランナーは放っておかれない。

「酔狂なイベントに一度だけ参加したい」と思って申し込んだこのマラソンだが、そこで起こっているのは〝パーティ〟だった。移動しながら行うパーティ。6時間半もあるのに、マンネリ化せず、楽しみ続けられるパーティ。それは僕の頭の中身を破壊した。そして常識を覆す体験、それを非日常的な体験としてのみ思い出に残すのは十分でないと感じた。人生をそちらの方向にシフトするのだと決意した。こんな場所に来ている、一般的には頭がおかしいかもしれない、しかし本質的には本当に人生の楽しみ方を知っている人たちと、毎年一定期間過ごすことが必要だと思った。

初めてのメドックマラソンを走りきり、ゴール後にほかのランナーたちとともに浴びるようにビールを飲みながらパーティを続け、僕は決意した。「毎年出場しよう！」

一人でも多くの人をメドックに。パクチー・ランニング・クラブを結成

「毎年出場しよう！」と決めた僕は、メドックマラソンをたくさんの人に広め、たくさんの人を実際に出場させるためのプランを考えた。旅番組などで毎年のようにメドックマラソンは紹介されているようだ。しかし、どうしても「飲みながら走る」「酔狂」というところに焦点が当てられており、本質である「コミュニケーション溢れるマラソン」ということが伝わっていない気がしていた。

感覚的ではあるが「出てみたい」と思っている人はそれなりにいる。そして、メドックマラソンの話をすると、初めて聞いた人でも高い関心を示すこともわかっていた。あとは、そういう層を実際にボルドーの地に送り込むだけだ。

僕は旅行会社ではないし、そういう機能を請け負う気持ちはまったくない。しかし、学生時代から旅する人を増やしたいと思ってきたし、魅力的な旅先を紹介し、友人たちを送り込んだ経験はたくさんある。それを踏まえて作ったのが「パクチー・ランニング・クラブ」だった。

ランニング・クラブというと一緒に練習する会をイメージする人が多い。だがパクチー・ランニング・クラブは「一緒には走らない」。

メドックマラソンに必要な要素は3つある。

(1)フルマラソンを完走できること＝走力を鍛える

(2)お酒を楽しめること＝肝臓を鍛える

(3)現地に行くこと＝気分を高める

メドックマラソンに出ようかなと思う人は走る練習は自主的にやっている人が多い。だから、そこに干渉する必要はなく、肝臓を鍛えながら「参加したことがある人」と「参加したい人」に交流してもらい、メドック参加への気分を高めていくのが目的である。

パクチー・ランニング・クラブの成果は目覚ましい。メンバーのメドックマラソン参加者数は、毎年20人前後。社員研修としてスタッフを連れていった2014年(30回記念大会)には

30人を数えた。下手な旅行会社のツアーより多いと思う。これだけの人が自主的に集まって、前夜祭・後夜祭・その他アクティビティを自然に行っている。

そして、パクチー・ランニング・クラブの成果はこの一年に1回のイベントに留まらない。毎月の飲み会、これが各ランナーにとって重要な意味を持つ。メドックマラソンの話はもちろんするのだが、各自が出場する（したい）大会についての情報交換をしたり、一緒に参加を決めたりする。しかも前提がメドックマラソンという猛者たちであるので、相当な悪ノリ好きだ。まだまだ先で遠い話だったコムラッズマラソンが、メンバーと毎月のように話しているうちに当然出場すべき大会となった。人は具体的な目標を決めると夢が達成しやすくなるとよく言われるが、パクチー・ランニング・クラブではしばしば妄想が語られ、メンバーの勢いに圧されてあっという間にそれが目標や確定事項に変わる。

メドックマラソン出場は、僕にたくさんのランニング仲間をもたらした。そして、持久走大会が大嫌いだった僕が、やがて89kmもの距離を走るウルトラマラソンの出場を喜んで受け止めることになったのである。

メドックマラソンの素晴らしさを日本でも再現したい。2回目のボルドー訪問時に強くそう思った。正直、メドックマラソンの2度目のスタート地点に立つ直前までは、「昨年と同じ」「慣れていること」をするような感覚で臨んだ。しかし、そこにいる約８９００人の一人ひとりから沸き上がるエネルギーに、その素晴らしさを改めて感じ震えたのだった。

タイム至上主義をすべてひっくり返した「経堂マラソン」

メドックマラソンの体験は、僕が走ることに対して抱いていた負の感情を完全に消し去った。マラソン大会はタイム至上主義で、少しでも早くゴールに着くのが偉いとされている。また、過去の自分にタイムで打ち克とうと多くの人が躍起になっている。メドックマラソンで起こっていることを見て「そんなつまらないことに気を取られるな」というメッセージを受け取った。

やることは簡単だった。マラソン大会にあるべきことを全部逆にすればいい。マラソン大会を作るのは「大変」だから「3日で作れるぐらいシンプル」にすべきだし、一斉にスタートするのを止めて、一斉にゴールしてみよう。決められたコースを走るのは面白くないから、コースは自分たちで決めればいいし、気分や体調にかかわらず一定の距離を走る必要もどこにあるかわからない。沿道の応援は励みになるけれど、その人たちと再会することは通常のマラソン大会にはないだろう。だから道端ですれ違う人と話をしてみよう。ゴールして流れ解散するのではなく、ゴール後は体験を語り合おう。走ってもいいし歩いてもいい、パーティに間に合うのが大事だから最後はタクシーで帰ってきてもいいじゃないか。タイムで優勝を競うのではなく、面白い体験をしてその街の魅力を発見した人が褒め称えられるべきではないか。「記録より記憶」で、マラソンは街の活性化に役立つものになる。

２０１２年２月26日、こうして「経堂マラソン」は生まれた。経堂という地にあり、各地から集客しているという一面の真実はあるものの、お客さんのほとんどがパクチーハウス東京を訪れるだけで帰ってしまう。経堂という街や世田谷区にはいろいろな魅力があるからそれを見てほしいという思いを、この企画に重ねた。

僕も当日はランナーとして世田谷区内を42・１９５km走った。「面白いもの」を見つけようと道端を眺めていると、普段通っているところにもたくさんの発見があることに気づいた。参加した総勢50人の視点で、経堂を中心とする世田谷区の魅力が浮き彫りになり、想像をはるかに超える楽しさだということがわかった。

イベント自体をとてもシンプルにしたこと

マラソン大会にあるべきことをすべて逆にしたら想像をはるかに超える楽しさだった。

と、僕のような飲食業者が気軽に社会貢献できるということで、この仕組み自体も広げたいと思った。参加者からも「面白いから年1回じゃ足りない」「またやりたい」「他の地域も同じ仕組みで走ってみたい」と口々に評価され、俄然やる気になった。

「経営マラソン」の仕組みに全国で使える名前をつけることにした。ソーシャルマラソンの略称で「シャルソン」という名称が参加者から提案され、これを採用した。その直後に、「ご当地シャルソン協会」という、シャルソン開催を支援する団体を作った。それから数カ月、魅力的な人に会うたびにシャルソン開催を迫った。当時の僕のところには、パクチー栽培をしている（またはしたい）農家さんやコワーキングスペースの運営（希望）者がよく訪ねてくれていた。どちらもコミュニティづくりが要のビジネスであり、シャルソンとても親和性がある。僕からの提案を、皆一様に喜んでくれた。

密かな決意として、その年（２０１２）中に10回、翌年20回、翌々年30回開催されるように働きかけようと決めた。そして、その回数を実現していくことで、全国にシャルソンが浸透していった。

イベントの仕組みをシンプルにするだけでなく、意欲的な主催者がつながることができるよう考えた。ご当地シャルソン協会で幟《のぼり》やゴールテープを用意し、開催地から開催地へ発送してもらうことにした。各ご当地は、オリンピックのトーチ（聖火）のようにこれらの物品をリレーしていく。荷物には、特産地（製菓や青果や生花）を同封する習慣も定着した。たまたま開催日程が前後というだけでつながりが生まれ、参加者は主催者からの紹介と届いた特産品から遠く離れた街に思いを馳せる。

「シャルソン」は口コミを中心に瞬く間に広がり、6年間で200回も行われることになった。僕はシャルソン創始者として、全国各地を巡り、いろいろな街を走った。いつしか「ゆるいマラソン」と呼ぶ人が出てきたので、「ゆるいだけじゃない」ことを身体を張って示すため、どこの街でもハーフマラソン以上、多くの場合フルの距離を走った。楽しい人たちとしゃべったり、飲んだりしながら、僕の走力はどんどん上がっていったのだ。

月間走行距離300kmを可能にしてくれたグローカル・シャルソン

2度目のメドックマラソンに行った年、ヨーロッパでJELLYWEEK（Jellyはコワーキングの元になる概念＝さまざまな人が同じ場所で仕事をすること）を主宰しているアニーに南フランスで会った。その後オンラインで何度もやり取りをし、彼女がカンファレンスなどでPAX Coworkingの話をしてくれるので、僕が何もしなくてもコワーキング関連のネットワークがヨーロッパでどんどん広がっていった。そしてアニーやその周辺の人たちからの僕への期待も、勝手に高まった。

2013年1月第2週に開かれたJELLYWEEKの準備をしている際に、ローカルイベントを世界に広げるというテーマで議論をしていたら、アニーが「世界に広がるランニングのイベントを作ってよ」的なことをカジュアルに伝えてきた。「なんだそれ？」と思いながら、しばらく考えた結果、世界中で個別に走っているランナーの体験をつなぐことを思いついた。そこで作ったのがグローカル・シャルソンである。

世界各地のランナーはいつものように個別に走る。1週間で「89㎞走ろう」というのがグローカル・シャルソンの主な目標だ。結構な距離ではある。面倒だな、今日はやめようかなと思うことはすべてのランナーにあると思うが、世界のどこかで誰かが走った記録がイベントページに次々に投稿されるのを見て奮起する。また各ランナーには周辺の風景を撮影してイベントページに投稿してもらう。あるランナーにとっては日常の風景であっても、他の地域のランナーにとってはそうではない。グローカル・シャルソンに参加するだけで、ランナーのスマホの画面には世界中の美しく、見たことのない風景が次々と現れる。

僕が東京の雑踏を何の感動もなく走っていたとしても、その写真を見た世界の誰かが「さすが東京！　ファンタスティック！」とコメントする。ランナーは他の人のランの体験に励まされ、かつ自分の日常が意外なほど他地域のランナーを魅了することに気づき、自分の街に誇りをもつ。

コムラッズマラソンに出場する直前、ウルトラマラソン完走には300㎞／月のランニングを3カ月続けるとよいというアドバイスをもらっとき、僕はグローカル・シャルソンを頻繁に開催し、世界の仲間に練習に付き合ってもらった。一人で走ることは、もはや孤独でつらいことではなくなった。

息が切れないランニング

ランニング嫌いな僕が、こんなに走るようになった。これまで読んでもらってわかるように、単純に面白いことを追求してきた結果だ。悪ノリに対応できる体力づくりができたのは本当にいい流れだったと思う。

僕が走るときに一つだけ気をつけていることがある。それは無理をしないこと。走ると心拍数が上がるのは当然だが、息があがって苦しくなるようなペースには絶対にしない。つまり、息が切れないランニングをしている。

心臓に負荷をかけてやるトレーニングの話なども聞いたことがある。でも僕は、そういうことにまったく興味を持てない。そして、ビールっ腹解消のため、そして健康維持のために始めた目的を常に強く意識している。

タイムというのは魔力があり、気にしないようにしていても気にしてしまうものだと思う。だから僕は、よっぽどの理由がない限り大会には出ないし、特にまともなフルマラソン大会は今後絶対に出ないつもりだ（コムラッズマラソンの出場権を得るため2014年3月に静岡マラソンに出場。3時間46分だった）。もう一度出たらそのタイムを気にして無理をしてしまうだろうから。

つまり、僕にとってランニングはまったく辛いものではない。そこまでいかないようにセーブしているから。いつ走って、いつ歩くかは、タイムなどを基準に決めるのではなく、自分の身体と相談して決める。

89km走る南アフリカコムラッズマラソン

2014年6月1日、僕は南アフリカにいた。コムラッズマラソンに出るためだ。早朝のバスでダーバンからピーターマリッツバーグに移動した。当地の標高は700m超。気温は5℃だった。「南アフリカ」というと、「南」で「アフリカ」なのですごく暑い印象を持つが、南半球の南端で緯度が高く、雪が降ることもある国だ。

コムラッズマラソンを知ったきっかけは、有森裕子さんだった。といっても、本人と知

コムラッズマラソンのスタート。89kmというだけでエントリーしてしまった。

り合いとかどこかで話したというわけではなく、彼女が出ていたインタビューかブログを読んだというだけだが。記事の中で「89」という文字を見つけた。このマラソンの走行距離は「89㎞」なのだ。僕はパクチーハウス東京の運営を始めてから「89」という数字に〝異常に〟こだわっているので、このときもそこに激しく反応した。

ランニングを始めたばかりの僕は、「いつかそれを走る日がくるかな（こないだろうな）」と思ったのだが、「89」ということもあり俄然興味が出てきたので即座に調べると、有森裕子さんが出場した2010年の大会が第85回だったということに気づいた。ということは、4年後の2014年に第89回になる……。

僕がコムラッズに行った理由は、距離が89㎞あるこのマラソンが、第89回大会だから。それだけだ。つまり「パクパク」なのだ。僕は「ビジネスの89％はダジャレでできている」と喧伝し、「ダジャレとビジネス」に関して取材されトップ記事を飾ったこともある。パクの追究のため、こんな大チャンスはそうそうないということで出場を決めた。

決めたときには4年後は「だいぶ先」の話であった。その間目標に向けて計画的にやってきたわけではない。でもコムラッズを意識してきたからこそのランニング企画をいくつも作ることで、走力をつけてきた。振り返ると、「コムラッズ出場」という目標に出会えたことは、僕のランニング人生、いや、僕の人生そのものにとってすごくラッキーだったと思う。

参加総数は1万8千人。真っ暗な中、アフリカ各地、世界各地から集まったランナーがスタート地点に集結していた。持っている記録によってブロックに分かれているが、少しでも前に行こうと柵をよじ登り群衆の中に飛び込む人たちを何人か見た。ワイルドすぎる……。

89㎞走ることには不安しかなかった。それだけの距離を続けて移動したことはもちろんない。前哨戦として、これも出場権を得るために申し込んだ「伊豆大島ウルトラランニング」に参加。このときは58㎞だった。パクチー（89）の前にゴーヤ（58）というのだけが出場の理由だった。

コムラッズマラソンは、日本でいうと箱根駅伝級の扱いだそうだ。12時間ずっと、テレビで放映している。沿道に、ずっとたくさんの人がいたのでとても励みになる。イミグレーションで人相の悪い係官が「旅行の目的は」としかめっ面で聞いてきたときに「コムラッズです」というと、「89㎞走るの？　すごいな！　頑張れよっ」と言って即座に入国スタンプを押してくれただけでなく、周辺の係官にも「彼はコムラッズランナーだ」と知らせてくれた。コムラッズマラソンの帽子をかぶってその後ドバイやシアトルに寄ったが、遠く離れたそんな場所でも南アフリカの人が話しかけてくれた。

というわけで、走っている最中、ずっと楽しい。どれだけたくさんの人がいたんだろう。45㎞ぐらいまで、快調に走った。4時間半ぐらいだった。1万8千人というのは恐ろしいほどの人数で、この時点でも渋谷のスクランブル交差点ぐらいの感じだった。

50㎞を超えてときどき歩くことにした。特に登りは。立ち止まると脚が固くなるので、とにかく歩み続けた。ランニングのキャリアはそれほど長くないけど、学生時代から旅先で一日中歩いていたことはあるので、歩くのは苦にならない。しかも、平均時速6～7㎞ぐらいで進めるので、進み続ければそれなりのペースが保てる。

50㎞台をともにした南アフリカ人のおっちゃんがいた。たわいもないことをしゃべっていたが、過去最高距離が58㎞ということを伝えていたので、そのポイントにさしかかったときに「Welcome to the new world.」と言われた。未知の距離に入るとなぜか、暗闇を走っているような感覚になる。残すところあと30㎞ということは計算すればわかるのだが、どうなってしまうのかわからなかった。

一番きつかったのは70㎞台だ。脚が痛いとか、疲労がとかではなく、進んでいる感じがしなかった。コムラッズマラソンでは1㎞ごとに距離表示があるのだが、70㎞台は間引きしてあるのだと何回も信じようとした。そして70㎞台後半からは高速道路を走る。まっすぐで走りやすいように見えるのだが、時速100㎞ぐらいで走るために最適化しているので、曲がり角のバンクがきつい。普通の道がよかったよ……。

80㎞を超えたとき、終わりが見えた。沿道に大きな声で「Kyo～」と叫んでくれるおじさんがいたので（ゼッケンに名前が書いてあるのでよく呼ばれる）振り向くと、彼はビールを片手に応援していた。「頼む、それ飲ませて！」と言ったら快く渡してくれたので、思わず一気に飲み干してしまった。どなたか存じませんが、ありがとうございました。

その一杯で気分的にクールダウンできた。その後も長いは長かったが、そのまま行けば終わることがわかったので、無理なく走り続けることができた。

そしてラスト2kmちょっとのところで、思わず計算してしまった。スタート地点に到達するまで約6分かかったとすると、残りをキロ5分30秒のペースで行けば、ネットタイム8時間90分（9時間30分ともいう）でゴールできる‼　僕のランニングポリシーとしてタイムを気にしない走りをしているのだが、パクへの追究は、それに優先すべき事項だった。それまでの行程を考えると無茶なのだが、残りの距離をちょうどキロ5分30秒で疾走してしまった。

すごくたくさんの人を抜いた。「そんなにまだ元気なのかよ」と自分でも思ってしまったが、最後まで走り抜くことができた。ネットタイムはちょうど8時間90分。ゴールして、メダルと一輪の花をいただいて、近くの芝生に腰かけた瞬間、両脚と背中がつった。こうしてパクパクマラソン（89kmの第89回コムラッズマラソン）をタイムまできれいに揃えて完走したのだった。

パクパクマラソンからのエクストリーム″ファン″ランニング

89kmのコムラッズマラソンに出場し、8時間90分で完走した。とてつもない距離をベストなタイミングで走り、「パクパクマラソン」完走に大満足だった。89にこだわり抜く姿勢はパクチー好きにはもちろん、それ以外の人がパクチーハウスや僕に注目するきっかけとなった。それは目的通りだったが、僕自身、パクを追求して世界のあちこちに行けることを思いついた。89㎞を走りきり、頭の中も炎症を起こしていた。興奮しきっていて冷静に判断することができない状態だった。そんなときに、パクチー・ランニング・クラブ所属の悪友・石田亮氏からメッセージが入った。

「佐谷くん、完走おめでとう。サハラ行かへん？」

「行かねーよ！」

「なんで行かへんの」

「理由ないし」

「理由……？　考えといてよ」

「……」

サハラマラソンの話を聞いてから1年ぐらい、毎月のように「その魅力」を聞いた。最初は「よくやるな」「正気かよ」と思っていたが、次第にチャレンジしたい気持ちは募っていた。理由を考えよという課題が与えられ、89秒ほど炎症を起こした脳みそで考えた。そして理由はすぐに見つかってしまった。

翌年のサハラマラソンが開催される2015年4月は、パクチーハウス東京の開店からちょうど89カ月目にあたることに気づいた。「ありえない」と言われた店を絶好調で続けることができていたし、パクチーを使ってみる他店も見え始めていた。2014年は後から振り返ると、パクチーハウス東京以外にパクチーにフォーカスする飲食店が数店舗できる年となった。僕はそろそろ「ありえない」が「ありえる」に変わるだろうなと確かな手応えを感じていた。「89カ月」を機にスタンスを変えよう。ど素人として遠慮がちにパクチー料理専門店などというマニアックな業態をしていたが、その日からパクチーを自信を持って勧めることにしよう。これからはパクチーの時代だ。「さぁパクチー」宣言をしようじゃないか。

「さぁパクチー」を数字で表すと「389」となる。これを読み替えると「さばく」と読めるのだ。我ながらこの強引なこじつけに驚きかつ呆れたが、理由はできた。これを契機に、行きたいところには、たとえどこでも89で行ってやるのだと決意した。

面白い人生を歩む人の「共通言語」

サハラマラソンでは「さぁパクチー」宣言をするだけでなく、以前からパクチーハウス東京の店舗で使っており商品化を目論んでいたパク塩の人体実験も同時に行った。サハラマラソン中の塩分補給と食事の味付けをすべてパク塩で行い、「パク塩があればサハラマラソンすら完走できる」という強力なプロモーション活動でパクチー普及を目論んだ。サハラマラソンに出てみたい、話を聞きたいという人が店に連絡をくれるようになっていった。

『パク塩でサハラを走る』という短編ノンフィクションを発行したこともあり、サハラマラソン関係者（完走者と出場予定者）が平均で週に1組以上来るようになった。砂漠を250km走るこのマラソンへの出場者は、砂漠の暑さをものともしない猛者たち……と思われがちだが、実は一見普通のどこにでもいそうな感じの人が多い。

「面白そう」と思ったら目標を定めて、実行に向けて邁進する。「どうしようか」なんて迷っていると、大きなことはできない。決めたらできると思い込んでいるし、だから結果としてやってしまう。これが面白い人生を歩む人の「共通言語」だ。

職業やタイプはまったく違うものの、サハラマラソンのようなところに飛び込んでしまうような面白い人たちがパクチーハウスに溢れるようになった。彼らの明るいエネルギーはすぐに周りにも伝播する。興味があるどころかついちょっと前まで知りもしなかったサハラマラソンに、パクチーハウスで関係者と相席になったことにより、出場を決めてしまう人もいた。「だって面白いに決まってるもん！」

「サハラマラソンの聖地」：パトリック・バウワー氏来パク

マラソンがブームになり、世界中で過酷さを争うレースもたくさん存在する。サハラマラソンは「世界一過酷」と言われて久しいが、アマゾンや他の砂漠レースで同等以上にきついものもたくさんある。サハラマラソンは制限時間がそれほど厳しくはないので、きちんと準備すれば完走できると言われている。完走率は毎年89％を超える。

このマラソンが、しかしながら、数あるレースの中でもメジャーな理由はステージレース

（ぶっ通しで走るのではなく、毎日定められたコース・距離をクリアして合計タイムで競う）の先駆けだからであろう。35年ほど前、モロッコのサハラ砂漠で単独で300km走った「素晴らしい経験」を多くの人に知ってもらいたいという気持ちでスタートしたレースだ。参加者が惚れ込むといわれる主催者パトリック・バウワー氏のキャラクターで、リピート率が3割を超えるという稀有な大会ともなっている。

　パクチーハウス東京の閉店発表の直前。そのパトリックが来日するというニュースがあった。サハラマラソン出場経験者と交流したいという要望もあり、都内でパーティを開くことになった。会場としてパクチーハウスを選んでもらった。サハラマラソンに関する情報発信を続け、関係者が来たら呼びかけるこ

サハラマラソンの主催者が来パク。パクチーハウス東京で非常に楽しい時間を過ごしてくれた。

とを繰り返した結果、サハラマラソンの聖地と呼んでくれる人も出た。

サハラ関係者で飲食業を営む人は何人もいるが、店のウリにサハラマラソンや「パク塩でウルトラマラソン」と主張し続けている人はいない。サハラ関係者が店に来たとの情報があれば店に駆けつけて僕の体験を語ったし、事前にサハラマラソンに興味のある人が来ることがわかっていれば、完走経験者を招集し、未来の参加者に紹介したりもした。パクチー料理専門店は、いつしかサハラマラソンランナーの聖地などと大げさに呼称されるようになっていた。パトリックが来日し、サハラマラソン出場経験者を50人以上集めたパーティの日は閉店まで2カ月を切った頃だったが、偉大なレースディレクターに非常に楽しく濃密な体験をいただき少しは恩返しできたのではと思っている。

アスリートより稼ぐ。パクチー料理とランニングのコラボ

サハラマラソンは参加費が日本円で約40万円、装備が15万円、集合場所のパリへの渡航費が10万円、前後の宿泊と飲み会を合わせると70万円以上のコストがかかる。国内のマラソン大会なら参加費が2万円以下、少し離れたところの大会に出場して宿泊してもサハラマラソンの10分の1で済む。

高いと思う人は多いだろう。僕が出場した話を聞いて「儲かってるね」と言う人がいたが、「それを用意する程度には」というのが僕からの答えだ。儲かってるから行くようなマラソン

大会ではないことは誰でもわかると思う。お金もらっても行きたくないという人が多い。

コムラッズマラソンを知る人は少ないが、「なんかパクチーハウスの人、アフリカですごい距離走ったらしいよ」という形で噂が広がり、アフリカ好きのお客さんが「アフリカ行ったそうですね」と聞いてくれた。「パクチーだから89km」というくだらないネタがあるからこそ、どんどんでき始めた他のパクチー料理専門店に比べて、圧倒的にエッジが立っていると認識されるようになった。また、「パクチーの聖地」であるだけでなく「ランナーの聖地」的な呼称をもらうことで、「パクチーが好き！」という人だけでなく、パクチーにまったく関心がない人もたくさん来パクするようになり、大半はパクチー自体を愛するようになった。

コムラッズに続くサハラでは、その効果は倍増した。一度やって終わりでなく「パクパクマラソン」が続きそうなことが伝わったのだろう。サハラ関係者が増えたのは前述の通りで、集客という観点からも相当の効果があった。

一流のアスリートになる手前で頑張っている人がたくさんいる。彼らは生活のためにアルバイトをするなどして頑張っているが、ただのファンランナーである僕は、パクチー料理専門店との組み合わせにより、そういう人より走ることで稼いでいる。わざわざ集計しているわけではないけれど。ランニングが僕の趣味になり、マニアックな店にお客さんを呼び続けることに大きく寄与した。パクチーハウス東京は元祖だからとか、美味しい料理を提供しているからとかだけだと、そこまでは行かなかったと思う。でも、パクに向かってまっしぐらに進み続けることで、閉店までの7年近くの間、席を満たすという結果となった。

地球のてっぺんはパクに覆われている。北極マラソンで証明

無店舗展開を始めて最初にやったパクパクマラソンのことについて記して、本書を締めくくろう。2018年4月、僕は北極点を目指して世界最北の街ロングイェールビーンに降り立った。いわゆる北極点、僕の言葉でいうと「パク点」を目指すためだ。

最もスケジュールが思い通りにならない場所の一つが北極点だと思う。時間の制約をほぼなくすことを決めた僕は、ついにその場所を目指すことにした。

なぜ北極点に行くのか。行きたいからである。そして、パクチーのさらなる普及のため、そこで証拠写真を撮らねばならない。「地球のてっぺんはパク(89)だった」と宣言するために。

意味不明だろうか。以下、僕の妄言である。北極点とは、北緯90度地点のことを指す。そんなことは誰でも知っている。しかし、北緯90度の「点」が「存在しない」ことはご存知だろうか。空間における正確な位置を定義するために用いられる概念が点であり、一切の体積、面積、長さを持たない。つまり、北極点は存在しない点といえる。旗付きのポールを立てたりして「そこ」だと主張している画像を見たことがあると思うが、北極点は単なるコンセプトであり、存在しないのだ。

では、地球の北のてっぺんには何があるのか。北極点とされる点の周囲約111kmに「北緯

89度帯」が実在する。つまり、地球のてっぺんはパク（89）だったのだ……。僕は北極点を「パク点」と呼ぶことにし、普通の人たちがポールを立てたくなる「そこ」にそっと「No paxi, no life」のフラッグを被せてこようと計画した。「そこ」に個人で行くために最もリーズナブルで安全な方法が北極マラソンというマラソン大会への参加だった。そのため、僕は北極マラソンにエントリーした。集合場所がロングイェールビーンだった。

北極マラソンのスケジュールが遅れたため、ロングイェールビーンには長く滞在することになった。計12泊もした。マイナス10～15度前後のその土地で、暇すぎて200㎞も走ったのは僕だけだろう。娯楽もほとんどない街で、夕方から世界最北のブリュワリーによるクラフトビールを飲むのを楽しみに、毎日頭を冷やして過ごした。おかげでYahoo！トピックスでの閉店記事の炎上に極めて冷静に対処できた。

パクチーマン、アジアチャンピオンに

さて、一応メインイベントである北極マラソンについて。北緯89度にある4・2㎞の周回コースを10周走る。当

「地球のてっぺんはパク（89）」を宣言するために北極マラソンに出場。

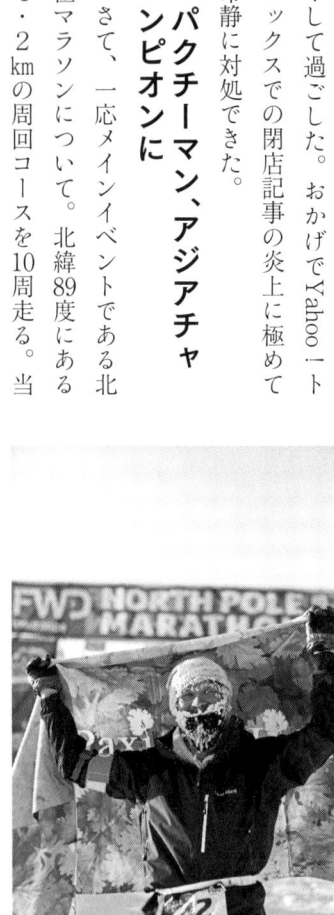

日の気温はマイナス32度だった。ホッキョクグマその他の危険性を回避するため狙撃手が2人配置されている。2人でカバーできる範囲が限られているため周回コースとなっている。

コースの一部は除雪されている。その他ほとんど全部は雪深い。北極の氷で滑らないんですかとしばしば聞かれるが、雪深いので滑らない。氷がむき出しになっていたとしてもマイナス32度ともなると氷が解けず乾いているので滑らない。

マイナス32度は寒い。立っているだけで肌が痛い。でも、走ると汗をかく。スタートラインの近くには暖かいテントがある。そこで水分と食料を補給し、暖を取ることができる。

しかし暖かい部屋に入って、再び外に出る勇気があるだろうか。僕には無理だと思った。休憩はできるだけ少なくしたほうがいいと判断した。膝まで沈む雪道を、走り続ける。そこに休憩所がある誘惑。僕なんかよりずっと走れるトレイルランナーたちは、雪に難儀し、休憩所の誘惑に負けたらしい。僕はパク点にたどり着いたという（自己）満足感と、とにかく早く終わらせるために休まないと決めて、休憩は一度に留めた。6時間半後にゴールに着いた。

狙っていないが総合10位。そんなことはどうでもいいが。でも、順位表を見てあることに気づいた。僕はアジア人の中でナンバーワンだった。つまり、アジアチャンピオンだ！　伸びゆくアジア経済の影響で、参加者の半分が中国を主としたアジア人だ。その中で僕は、まったく意図せずにチャンピオンの座を勝ち取った。

北極マラソンには「アジアチャンピオン」という賞はない。勝手に作っただけだ。しかし、北緯89度からロングイェールビーンに戻った僕は、一緒に走った仲間から過剰なほどの祝福を受けた。「だってお前は、アジアチャンピオン」。彼らと再会する度に、彼らは僕を「アジアチャンピオン」と呼ぶだろう。

誰も知らないことを始める喜び

「パクチーをメインで使うなんてことはタイ人でもやらない」「中国人もおかしいって言ってたよ」。パクチー料理の普及に邁進してきた僕を指してか、一部のメディアと多くのネットユーザーがよくわからない、正しくもない批判を繰り返してきた。「パクチー料理」なんてジャンルはなかった。でも僕は勝手にそのジャンルを作り、勝手に世界に広めると宣言し、いつしか誰かが「パクチー料理の第一人者」と呼んでくれた。そして2016年12月、僕が密かに一年後に閉店を宣言すると決めた数日後、ぐるなび総研が驚くべき発表をした。

「優れた日本の食文化を人々の共通の遺産として記録に残し、保護・継承するためにその年の世相を反映し象徴する食」を「今年の一皿」として毎年発表しているのだが、そのときに選ばれたのが「パクチー料理」だったのだ。ウケる。

僕が好きだと思ったパクチーは誰も知らないニッチなものだった。旅を通じてパクチーを知った僕は、旅人が世界を平和にすると直感した。パクチーのスペルに「PAX」（平和）を絡め、あまりに知名度が低いため「89」も絡め、ダジャレを広めたい一心からあらゆるヒト・モノ・コトをつなげていった。

宴会が好きだ。乾杯が好きだ。一瞬で人をつなぐことができる。好きなことをそこに重ねていった。パクチーが注目された。会社はめっちゃ儲かった。パクチーをもっと普及させたい。

パクチーハウスやめてみるか！

パクチー好きの「聖地」とまで呼ばれた。コワーキングの発祥の地とも。そこに来ればある安心感。ありがとう、パクチー狂のみなさん、コワーキングのコンセプトを守っていきたいみなさん。経堂だけじゃない、世界はもっとパクチーやコミュニケーションが必要なんだ。僕がやるのを見ている時期は過ぎた。さぁ、自分でやってみようよ。

おわりに

「人生を変える」というと、とても大きなことのような印象を受ける人は多いだろう。旅をして、異なる文化をもつ人の話をたくさん聞いてきた僕は、得る情報を常に多様にしていたいと思ってきた。そして、それについて考えることで、自分の行動やアイデアは日々変わっている。つまり、毎日人生が変わっているという実感がある。

「人生を変える」というのは転職をするとか、結婚をするとか大きな「節目」のことだけではない。誰と会うか、何を知るかでコロコロ変わっていく。単調な毎日を送っている（と言う）友人たちに、さまざまなパーティを通じて刺激を与えたいと思ってきた。本人たちはいつもの飲み会だと思って来るだけだとしても、そこにいる人のタイプや組み合わせが異なると、言葉を交わすだけで脳みそが動き出す。それまでの日常生活では会わないタイプの人と出会い、名前も知らなかった国の人と会話をすると、人は確実に変化する。

「世界を変える」というと、もっと大袈裟な感じがする。北朝鮮の核ミサイルをどうするか、とか、シリアでの紛争をどう止めるか、とか。個人の力ではどうにもしようがないことばかり思い浮かべるからだろう。

世界は人の集合にすぎないから、人が変われば世界も変化すると僕は確信している。ニュースになることが「世界を変える」ことではない。人と同じで、世界も簡単に変わるのだ。僕は、自分が自分の考えを他人に伝えることやパーティを通じて人と人を交流させることで、世界がどんどん変わっている実感がある。

だが、こういう真面目すぎる話は聞いてもらえない。自分には関係ないことと思っている人を動かすために、真面目な街頭演説はほとんど意味をなさない。「世界を変えるパーティに来てほしい」とも言わない。楽しい場所に誘い、そこで新しい友人ができたり、新しい知識を得るのが人の変化としてはとてもスムーズだ。僕は人を集めて飲み会をする経験を圧倒的にたくさん積んできたので、そういう場が人を変化させるシーンをたくさん見てきた。

学校でも会社でも、「常識だろ」とか「常識で考えろ」という言葉が飛び交っている。その言葉の矛先が僕であることが、幼い頃から結構あった気がする。僕は「いい子」なので、その言葉を素直に受け入れつつ、行動は修正できなかった。でももっといい方法を思いついた場合、常識を疑い、外してみようと思っていた。時には上司の指示に気づかないフリもした。「この会社ではそういう書式があるんですね!」などと同意しながら、斬新な書類を提出して帰宅したりもした。とんでもない社員だと、書いていて思う。

常識ってみんなが当たり前と思っていることだ。少しずつ変わるそれを盲目的に続けることに命をかけてどうするんだと思う。ちょっとしたサプライズがあるからパーティも人生も楽しい。僕は、サプライズを用意する係を進んでかって出るタイプだったのかもしれない。

この本の読者には、この本が読んでいて楽しかったなんて言って日常に戻ってほしくない。

思わず動き出しちゃってほしい。「いい子」はフリだけでいい。自分が思い描く理想の世界がそこにある前提で、毎日の行動を勝手に変えてしまおう。

2018年11月20日　パクチーハウス11周年の日に

佐谷　恭

クラウドファンディング概要

プロジェクト名：世界初のパクチー料理専門店元店主が「本当のつながり術」を伝える書籍とコミュニティ
期間：２０１８年8月9日〜10月1日
目標金額：１８９万円
支援総額：２，１３２，８３２円（達成率１１２％）
支援者数：２１３人
支援者内訳：男性69％　女性28・６％　その他２・３％
20代11人　30代64人　40代１００人　50代32人　60代３人　70代３人
プラットフォーム　CAMPFIRE

クラウドファンディング協力者一覧（順不同・敬称略）

浅見 晶子　松尾 祐徳　尾花 英子　浅生 和英　飯島 章嘉　天野 真也　宮嶋 恵子　丸田 敦史
留守 敦　吉田 篤史　長瀬 友行　伊藤 富雄　Bob Yamamoto　ぼの　郷田 康夫　Chiyoya S

稲留 由美　ダムッチョ　どてちん　栗原 良輔　森岡 江美　上田 恵利加　羽山 幸介　齊藤 星児　志水 直樹　原田 幸恵　朝霧 重治　須賀 春菜　二階堂 恵　宇都宮 秀男　加藤 洋（しゃかいか！）小澤 弘視　市川 育夢　今清水 隆宏　I'm sheep　万木 康史　石田 勝彦　新多仁理寧 イッシブ　Masahiro ITOH　岩田 順二郎　浜地 照実　山口 直美　平林 純子　服部 丈柿島 宏樹　草刈 正年　上月 和子　小杉 和也　中西 圭一　前田 圭司　ワイン食堂リコピン菊田 裕司　岸田 浩和　佐谷 記世　古林 美香　小伊豆 政隆　伊藤 公貴　駒込 哲也　小森 良介　近藤 翼　村山 信義　星野 邦敏　草柳 ちよ子　移住ソムリエ協会　荒川 貴文　みついまみこ　清水 麻遊　中丸 明寛　丸永 開久　江原 政文　平野 匡城　新妻 正夫　MAYUMI SHIRAO　関 倫子（Applina）三好 正之　佐藤 百子　齊木 桃子　森 健治郎　稲葉 光寛　本山 尚義　今村 基千　鈴木 利弘　増田 幹弥　ワタナベ ケイコ　船津 奈知　高野 直子　森下信之　松山 倫子　西澤 法子　おきやす　小野ちはる　成田 康宏　福山 眞弘　riotbeer（ライオットビール）真田 武幸　ささぴー　最後のジェダイ・パクチー部　井村 晋作　西川 伸一篠原 寛行　新谷 理恵（レンタルりえたん）堀田 シュウジ　山下 俊一郎　幡野 敦　吉田 靖子（Tamagawa Base）笹島 康仁　寿藤 義智　杉 健史　朴 順伊　鈴木 彩子（落チ語リ屋）前田崇利@ミライハウス　ほんだ たかし　蕎麦人@帯広　吉田 武馬　長田 英史　加藤 武留清川 孝男　大越 智明　髙橋 朋子　東京キチ トシ　寺田 年秀　chiropractor 笠井 宗明　宮崎翼　やまだとしゆき　古川 祐介　TORIAEZU OÜ　上田 麻衣　浦木 明子　若松 弘樹　上野正史　宅間 朗　依岡 恭弘　真鍋 靖子　川井 康敬　Yoko Oku　にっぽんわりばし　Yuki Yokoyama　忍 頼子　吉田 卓央　岡崎 義典　政本 洋輔　田崎 裕児　倉竹 悠　清原 裕貴

タナカユウヤ　森　啓子　a4_ogisawa　aimacoon　akiraishi　azuazuvoyage　木村宏史
diam0nd　eeeemisasaki　FrogValley　Half Jellyfish　hannah0802　hbkr　hiroakiyabe
Hiroki Kudo　hiroyasuichikawa　hitotumugi　inabaiwate　ishi_kyo　K Andy　kawmame
okoshi　kazzn　keikomori0302km　Keisuke Tokito　keitoku seiji　Kenji Horie　kitaya310
Kiyotaka Yamana　KokiKimura1995　kurokawakazuma　maroroma7　Masa71
masanobuishikawa　Mayumi tok　Michael Okada　Miharu Teranishi　miyukinagaisaijo
MokomokoHirahira　motoishi46　mutsuto　NAGAI0930　nakika　nishikawa2018
NISHIYANGURUME　Nobuko Yamuchi　okuri_tochigi_uva　onyourmarks　realeasttokyo
rena_fr　Risa Goto　ryusuke eguchi　satanij　satanisyu　sazangaku　Shigeki Taguchi
shikako21　shin0621　SHIRAYUKI777　shoichifukuoka　soudaisho　tabenori17　tokoma
yoichan　Yumiko Nagata　yurikotoriyama

刊行にあたって

本書は３冊目の絶版新書になります。「かつて出された本のなかに今読むべき本がある」と考えて始めたこのシリーズ。今回は、佐谷氏が共著で執筆した『つながりの仕事術』（洋泉社刊）の第１章を第３章の章末に掲載いたしました。コワーキングスペースを取り巻く環境は大きく変化し、2012年に書かれたこの内容とは異なる点もありますが、東京初のコワーキングスペースのオーナーだった著者が書いた「原点」は読むべきものと考えています。

また本書は、佐谷氏主宰のオンラインコミュニティの教科書でもあります。ありえないことを現実にし続けてきた佐谷氏が、あのときどう考えたのか？　何を考えていたのか？　を追跡することが、自身の行動を起こす原動力になると考えています。オンラインコミュニティでの活動も楽しみです。

ひとりでも多くの方が、本書とコミュニティで新たな一歩を踏み出せることをお祈りしています。クラウドファンディングにご協力していただいた皆さま、改めて御礼申し上げます。一緒に未来を切り拓いていきましょう。

東京・田園調布の小さな出版社
有限会社ソーシャルキャピタル
発行人　吉田秀次

佐谷 恭（さたに・きょう）
2018年３月まで東京都世田谷区経堂にあった世界初のパクチー料理専門店「パクチーハウス東京」のオーナー。「パクチー料理専門店？ なにそれ!? ありえない」と言われ続けたにもかかわらず、強烈なパクチー愛と執念でパクチーの普及に〝全緑〟を尽くし、連日満員のお店に。10周年の直後に電撃発表で閉店を告げ、その89日後の3月10日に閉鎖し現在は「無店舗展開中」。国内外の各地でパクチーハウスをポップアップ営業している。東京初のコワーキングスペース「PAX Coworking」の創業者であり、人と人、街と人とがつながるランニングイベント「シャルソン」の創始者でもある。

「ありえない」をブームにするつながりの仕事術
～世界初パクチー料理専門店を連日満員にできた理由～

2019年１月11日　第１刷発行
2019年１月23日　第２刷発行

著　者　　佐谷 恭
発行者　　吉田 秀次
発行所　　東京・田園調布の小さな出版社
　　　　　有限会社ソーシャルキャピタル
　　　　　145-0071 東京都大田区田園調布 1-55-16 浅間ビル 203
　　　　　03-6459-7115 ／ info@socialcapital.co.jp
　　　　　https://www.socialcapital.co.jp/

装　丁　　斉藤よしのぶ
校　正　　田村早苗（木精舎）
組　版　　朝日メディアインターナショナル株式会社
印刷・製本　中央精版印刷株式会社

ISBN 978-4-9909280-6-3　Printed in Japan

ランニング登山

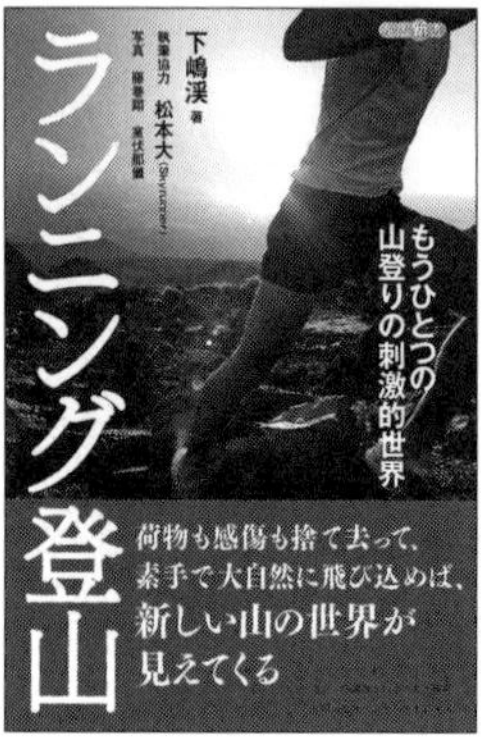

下嶋溪著　執筆協力 松本大
1800円＋税／
四六判並製／152ページ／
ISBN 978-4-9909280-5-6

広告に恋した男

洗剤から大統領までを売る
フランス広告マンの仕事術

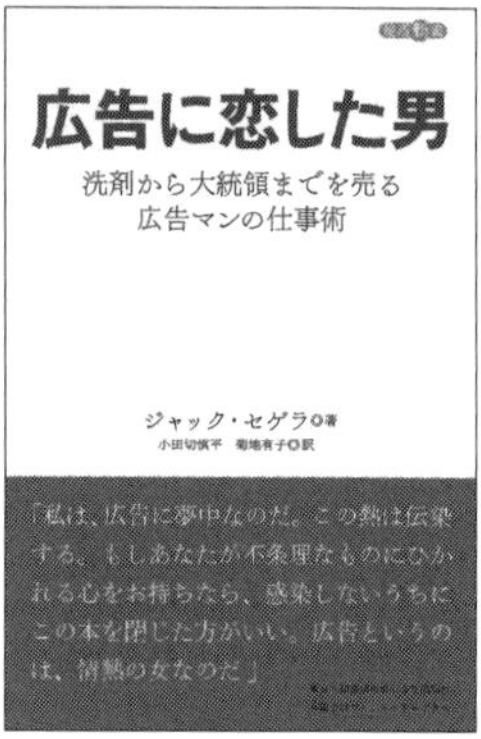

ジャック・セゲラ著
小田切慎平・菊地有子訳
2000円＋税／
四六判並製／264ページ／
ISBN 978-4-9909280-4-9

漁魂

2020年東京五輪、
「江戸前」が「EDOMAE」に変わる！

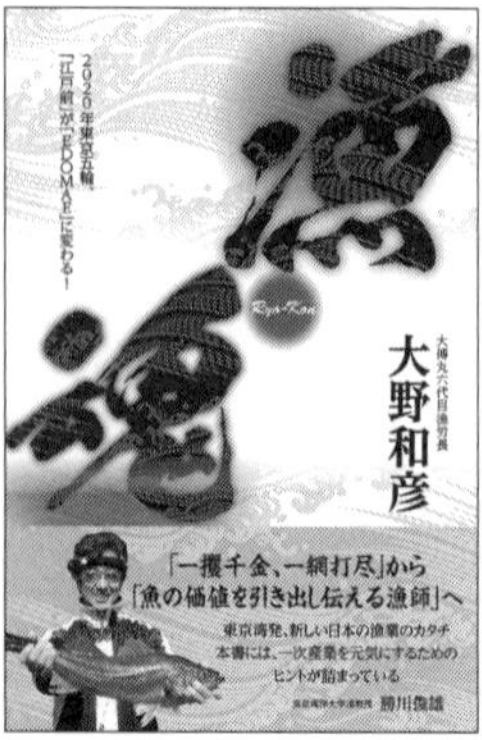

大野和彦著
1700円＋税／
四六判上製／192ページ／
ISBN 978-4-9909280-1-8

「ありえない」をブームにする つながりの仕事術

世界初パクチー料理専門店を
連日満員にできた理由

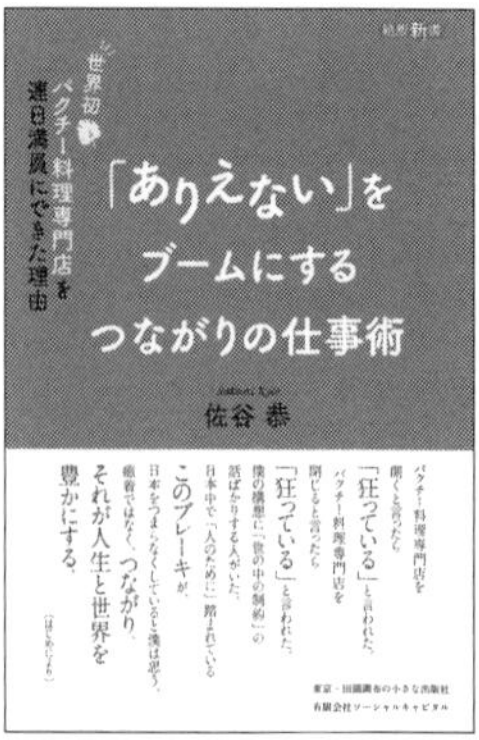

佐谷恭著
1750円＋税／
四六判並製／200ページ／
ISBN 978-4-9909280-6-3